信毅教材大系·管理学系列

人力资源管理数字化运营
基于SAP SuccessFactors

Human Resource Management Digital Operations
Based on SAP SuccessFactors

朱建斌　蔡文著 编著

复旦大学 出版社

"信毅教材大系"编委会

主　　任	卢福财
副 主 任	邓　辉　王秋石　刘子馨
秘 书 长	廖国琼
副秘书长	宋朝阳
编　　委	刘满凤　杨　慧　袁红林　胡宇辰　李春根
	章卫东　吴朝阳　张利国　汪　洋　罗世华
	毛小兵　邹勇文　杨德敏　白耀辉　叶卫华
	尹忠海　包礼祥　郑志强　陈始发
联络秘书	方毅超　刘素卿

总 序

世界高等教育的起源可以追溯到1088年意大利建立的博洛尼亚大学,它运用社会化组织成批量培养社会所需要的人才,改变了知识、技能主要在师徒间、个体间传授的教育方式,满足了大家获取知识的需要,史称"博洛尼亚传统"。

19世纪初期,德国的教育家洪堡提出"教学与研究相统一"和"学术自由"的原则,并指出大学的主要职能是追求真理,学术研究在大学应当具有第一位的重要性,即"洪堡理念",强调大学对学术研究人才的培养。

在洪堡理念广为传播和接受之际,英国的教育家纽曼发表了《大学的理想》的著名演说,旗帜鲜明地指出"从本质上讲,大学是教育的场所","我们不能借口履行大学的使命职责,而把它引向不属于它本身的目标"。强调培养人才是大学的唯一职能。纽曼关于"大学的理想"的演说让人们重新审视和思考大学为何而设、为谁而设的问题。

19世纪后期到20世纪初,美国威斯康星大学查尔斯·范海斯校长提出"大学必须为社会发展服务"的办学理念,更加关注大学与社会需求的结合,从而使大学走出了象牙塔。

2011年4月24日,胡锦涛总书记在清华大学百年校庆庆典上指出,高等教育是优秀文化传承的重要载体和思想文化创新的重要源泉,强调要充分发挥大学文化育人和文化传承创新的职能。

总而言之,随着社会的进步与变革,高等教育不断发展,大学的功能不断扩展,但始终都围绕着人才培养这一大学的根本使命,致力于不断提高人才培养的质量和水平。

对大学而言,优秀人才的培养,离不开一些必要的物质条件保障,但更重要的是高效的执行体系。高效的执行体系应该体现在三个方面:一是科学合理的学科专业结构;二是能洞悉学科前沿的优秀的师资队伍;三是作为知识载体和传播媒介的优秀教材。教材是体现教学内容与教学方法的知识载体,是进行教学的基本工具,也是深化教育教学改革,提高人才培养质量的重要保证。

一本好的教材,要能反映该学科领域的学术水平和科研成就,能引导学生沿着正确的学术方向步入所向往的科学殿堂。因此,加强高校教材建设,对于提高教育质量、稳定教学秩序、实现高等教育人才培养目标起着重要的作用。正是基于这样的考虑,江西财经大学与复旦大学出版社达成共识,准备通过编写出版一套高质量的教材系列,以期进一步锻炼学校教师队伍,提高教师素质和教学水平,最终将学校的学科、师资等优势转化为人才培养优势,提升人才培养质量。为凸显江财特色,我们取校训"信敏廉毅"中一头一尾两个字,将这个系列的教材命名为"信毅教材大系"。

"信毅教材大系"将分期分批出版问世,江西财经大学教师将积极参与这一具有重大意义的学术事业,精益求精地不断提高写作质量,力争将"信毅教材大系"打造成业内有影响力的高端品牌。"信毅教材大系"的出版,得到了复旦大学出版社的大力支持,没有他们的卓越视野和精心组织,就不可能有这套系列教材的问世。作为"信毅教材大系"的合作方和复旦大学出版社的一名多年的合作者,对他们的敬业精神和远见卓识,我感到由衷的钦佩。

王 乔

2012 年 9 月 19 日

目　录

第一章　人力资源管理信息系统概述 …………………… 001
　第一节　人力资源管理信息系统技术基础 ………… 001
　　一、信息、数据与信息系统 ……………………… 001
　　二、大数据 ………………………………………… 004
　　三、云计算 ………………………………………… 005
　　四、人工智能 ……………………………………… 006
　第二节　人力资源管理信息系统简介 ……………… 007
　　一、发展历史 ……………………………………… 007
　　二、包含内容 ……………………………………… 010

第二章　SuccessFactors 系统概述 ……………………… 012
　第一节　SuccessFactors 简介 ……………………… 012
　　一、SuccessFactors 公司概况 …………………… 012
　　二、SuccessFactors 产品特色与模块功能 ……… 012
　第二节　SuccessFactors 系统实施 ………………… 014
　　一、团队建设 ……………………………………… 014
　　二、实施方法论 …………………………………… 016

第三章　员工中心 ………………………………………… 020
　第一节　员工中心概述 ……………………………… 020
　　一、员工中心的模块介绍 ………………………… 020
　　二、员工中心主要功能 …………………………… 020
　第二节　员工中心模块应用 ………………………… 024
　　一、系统入门 ……………………………………… 024
　　二、员工档案管理 ………………………………… 028
　　三、组织结构与职位 ……………………………… 036
　　四、假期与加班管理 ……………………………… 042

第四章　招聘管理 ………………………………………… 048
　第一节　招聘管理概述 ……………………………… 048
　　一、招聘管理概念 ………………………………… 048

二、招聘管理内容 …………………………………… 048
　　三、SuccessFactors 招聘管理 ……………………… 056
　第二节　招聘管理模块应用 …………………………… 057
　　一、职位需求创建与发布 …………………………… 058
　　二、应聘职位 ………………………………………… 062
　　三、面试管理 ………………………………………… 068
　　四、发放录用通知 …………………………………… 075
　　五、入职管理 ………………………………………… 078

第五章　目标绩效管理 ……………………………………… 083
　第一节　目标绩效管理概述 …………………………… 083
　　一、绩效管理概念 …………………………………… 083
　　二、绩效管理流程 …………………………………… 083
　　三、SuccessFactors 绩效管理 ……………………… 089
　第二节　目标绩效模块应用 …………………………… 092
　　一、目标管理 ………………………………………… 092
　　二、持续绩效 ………………………………………… 102
　　三、绩效评估 ………………………………………… 106
　　四、绩效校准 ………………………………………… 114

第六章　薪酬管理 …………………………………………… 121
　第一节　薪酬管理概述 ………………………………… 121
　　一、薪酬管理的概念 ………………………………… 121
　　二、薪酬设计 ………………………………………… 122
　　三、SuccessFactors 薪酬管理 ……………………… 130
　第二节　薪酬管理模块应用 …………………………… 130
　　一、查看薪酬信息 …………………………………… 130
　　二、更改薪酬信息 …………………………………… 135
　　三、团队奖励发放 …………………………………… 138
　　四、调薪计划的设置与执行 ………………………… 140

第七章　培训管理 …………………………………………… 145
　第一节　培训管理概述 ………………………………… 145
　　一、员工培训概念 …………………………………… 145
　　二、员工培训流程 …………………………………… 145
　　三、SuccessFactors 培训管理模块介绍 …………… 149
　第二节　培训管理模块应用（管理员）………………… 149

  一、在线课程创建 ………………………………………… 149
  二、内容的创建 …………………………………………… 153
  三、创建试题库 …………………………………………… 155
  四、测验或考试的创建 …………………………………… 156
  五、在线课程内容的对接 ………………………………… 164
 第三节 培训管理模块应用（学员） ………………………… 168
  一、查看课程 ……………………………………………… 168
  二、课程评估 ……………………………………………… 172
  三、查看相关报告 ………………………………………… 173
  四、打印证书 ……………………………………………… 175

第八章 继任管理 ……………………………………………… 176
 第一节 继任管理概述 ……………………………………… 176
  一、继任管理及相关名词概念 …………………………… 176
  二、继任管理流程 ………………………………………… 178
  三、SuccessFactors 继任管理模块介绍 ………………… 181
 第二节 继任管理模块应用 ………………………………… 181
  一、用绩效—潜能矩阵评估继任者候选人 ……………… 181
  二、以特质归类提名继任者 ……………………………… 183
  三、以硬性要求筛选提名继任者 ………………………… 188
  四、以特定岗位提名继任者 ……………………………… 191
  五、员工发展计划 ………………………………………… 195

第九章 企业内部社交 …………………………………………… 212
 第一节 企业社交网络概述 ………………………………… 212
  一、社交网络的分类 ……………………………………… 212
  二、社交网络的特点 ……………………………………… 212
  三、企业社交网络 ………………………………………… 214
 第二节 企业内部社交模块应用（SAP Jam） ……………… 214
  一、登录 Jam ……………………………………………… 215
  二、创建群组 ……………………………………………… 216
  三、编辑群组 ……………………………………………… 219
  四、内容创建与共享 ……………………………………… 220
  五、Jam 移动端 …………………………………………… 224

参考文献 ……………………………………………………………… 226

第一章　人力资源管理信息系统概述

> **学习目标**
> 1. 掌握人力资源管理信息系统基础知识和相关技术基本概念。
> 2. 了解人力资源管理信息系统的发展历程。
> 3. 掌握人力资源管理信息系统的基本概念及内容。

第一节　人力资源管理信息系统技术基础

随着管理经验的不断积累、管理学的不断发展,以及信息技术的不断发展,企业人力资源管理系统越来越发展完善并发挥着重要作用,管理者也越来越意识到引进人力资源管理信息系统以提升组织人力效能、提升组织竞争力的重要性。

一、信息、数据与信息系统

1. 数据与信息基本概念

数据是记录客观事物并可鉴别的符号。是对客观事物的性质、状态等属性的反映。数据的表现形式不仅是数字,而且包括具有一定意义的文字、符号、图像、声音、视频等。例如,"0,1,2""阴、雨、下降、气温""员工的档案记录""员工的绩效情况"都是数据。

在计算机科学中,数据是用于输入电子计算机进行处理,具有一定意义的数字、字母、符号和模拟量等的通称。计算机存储和处理的对象十分广泛,表示这些对象的数据也随之变得越来越复杂。

原始信息是客观世界的变化和特征在人们头脑中的反映。由于客观世界中的任何事物都在不断运动,即事物的状态和特征在不停变化,所以反映事物的信息也总在不断生产和传递。

信息与数据既有联系,又有区别。数据是信息的表现形式和载体。信息是数据的内涵,信息加载于数据之上,对数据做具有含义的解释。数据和信息不可分离,信息依赖数据来表达,数据则生动具体地表达出信息。数据是物理性的,信息是逻辑性和观念性的。数据本身没有意义,数据只有对实体行为产生影响时才成为信息。

总之,广义的信息是指信号源发出的被接收体所接收、吸取和利用的一切符号;狭义的信息是指按照一定的需要收集起来,经过加工整理后的具有某种使用价值的数据总和。信息是客观事物运动和变化的反映,是客观事物之间相互联系和作用的表现形式。

一般来说,信息具有以下特点。

(1) 信息的真实性

真实的信息才是有价值的,只有真实准确和客观的信息才可能帮助管理者做出正确的决策。保证信息的真实性尤为重要。信息系统在收集信息,对其进行传送、加工处理和存储时,要切实保证信息不失真。

(2) 信息的时效性

信息是有生命周期的。在信息的生命周期内,信息是有效的;超出了生命周期,信息是无效的。信息的时效性决定了人们希望尽快地获取所需信息,在该信息的生命周期内有效地使用所获信息。

(3) 信息的价值性

信息具有使用价值,能够满足人们某些方面的需要,被人们用来为社会服务。但是,信息价值的评定不能简单地以"平均劳动时间"来决定。信息的产生过程是一种创造性劳动,很难用平均劳动时间来评价,加之信息可以经使用者多次加工,不断增值,使得它的价值还具有后验性。所以信息价值的确定比较复杂,有待于进一步深入研究。

(4) 信息的动态性

信息是客观事物运动和变化的反映,而客观事物总是处于运动之中,而这正体现了信息不断发展的动态特征。

(5) 信息的依附性

信息必须通过主体才能被认知,认识主体完成对信息的收集、加工、整理、存储与传递等工作。人的意识观念、思维、心理能力等因素对信息的量和质都有重大影响。

(6) 信息的有限性

信息是客观世界存在的事实在人们头脑中的反映。客观世界是无限的,信息也是无限的,主体的认识能力是有限的,主体永远都不可能完全地认识信息,因而实际获得的信息总是有限的。另外,由于信息的依附性,对于不同目的的主体来说,其获得的信息也不尽相同。

(7) 信息的可传递性

信息的传递是从时间或空间上的某一点向其他点移动的过程。信息可以借助特定的物质载体(即媒介)并通过多种方式进行传递。信息的传递过程称为通信。通信过程包括四个要素,即信源(信息发出方)、信宿(信息接收方)、信道(媒介)和信息。

(8) 信息的共享性

信息的共享性是区别于有形物体的一个重要特征。信息的共享性是指信息可以被共同占有、共同享用。在信息的传递过程中信息可以被众多的信源和信宿同时接收和利用。

2. 信息系统

信息系统是集计算机技术、网络技术、通信技术等于一体,提供信息服务的人机系统。它通过对信息进行采集、处理、存储、管理、检索和传输,向管理人员提供有用信息,帮助决策。

从概念上来看,信息系统是由信息源、信息处理器、信息存储器、信息管理者与信息用户5个部分组成。信息源采集信息。信息处理器负责信息的处理与检索。信息存储器存储信息。信息管理者制定需要数据采集的类型、名称和代码等,规定数据的处理方式、保存时间、输出方式等。信息系统的概念结构如图1-1所示。

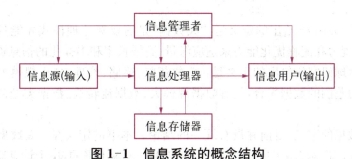

图1-1 信息系统的概念结构

信息系统的功能大概包括以下七个方面。

(1) 信息采集

这是信息系统运作的第一步。信息采集时,要将分散在各个地区和部门的有关信息,依照信息源可识别格式收集起来,以便后续信息处理。信息采集要求"全",对有关数据采集要全面、详细。

(2) 信息传输

信息系统各部分协调工作时,信息传输功能是必不可少的。信息地域分布越广,信息传输功能就越重要。信息源与数据存储器的数据体积庞大,为了保证信息系统的工作效率,信息传输要快速。

(3) 信息处理

信息处理是信息系统的核心功能,体积庞大的数据源不经处理是无益的,信息系统需要对数据源中的信息进行某种处理和加工,将其转化为有助于用户决策、反映数据本质的信息。信息处理技术要尽量满足用户的多信息处理需求。

(4) 信息存储

信息存储是指系统对已经经过处理的对用户有用的信息加以保存,如果没有信息存储功能,信息系统就无法跨地域跨时间工作,其价值会大大降低。信息存储要求空间大、稳定和安全。

(5) 信息检索

信息存储器中的有用信息仍然是庞大的,信息检索功能能帮助用户快速便捷地找到自己想要的信息,因此信息检索要求便捷和快速。

(6) 信息管理

对于信息系统涉及的信息,不能盲目地进行采集、处理、存储等,需要信息管理者划定待采集的信息范围,规定信息处理的逻辑与方式,信息存储的格式、保存时间等。

(7) 信息输出

信息输出是信息系统实现其价值的方式，是信息系统与用户的接口，指将经过信息系统处理的有用的信息，按照用户的要求进行输出。

二、大数据

1. 定义

研究机构 Gartner 给出的定义是："大数据"是需要新处理模式才能具有更强的决策力、洞察发现力和流程优化能力来适应海量、高增长率和多样化的信息资产。

麦肯锡全球研究所给出的定义是：一种获取、存储、管理、分析规模大大超出了传统数据库能力范围的数据集合，具有数据规模大、数据流转快、数据类型多和价值密度低四大特征。

关于大数据的定义，目前并没有统一的结论。本书的定义是：大数据指规模远大于传统数据库工作能力范围的，由各种行为产生并记录下来的，单个计算机无法完成存储和处理的大量数据集合。其中的数据是待开发处理的信息资产，是有价值的。在信息系统领域，大数据通常用来形容一个公司创造的大量非结构化数据和半结构化数据。大数据的特点是：① 数据规模大；② 数据种类多样；③ 属于资产，是有价值的。

现在的大数据和过去相比，主要有三点区别：① 随着通信技术和传感器网络等的发展，衍生了大量数据；② 随着硬件和软件技术的发展，数据的存储、处理成本大幅下降；③ 随着云计算的兴起，大数据的存储、处理环境已经没有必要自行搭建。关于云计算，我们会在下一节中介绍。

2. 特征

大数据的特征可以归纳为"5V"，如图1-2所示。

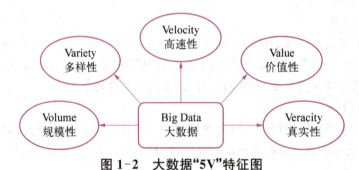

图1-2 大数据"5V"特征图

（1）规模性（volume）

数据量巨大，以至于用普通技术无法管理。典型个人计算机硬盘的容量为 TB 量级，而一些大企业的数据量已经接近 EB 量级。当然，随着技术的进步，这个数值也会不断变化。

（2）多样性（variety）

数据形式多样，随着传感器、智能设备以及社交协作技术的发展，数据也变得更加复杂,因为它不仅包含传统的关系型数据,还包含来自网页、互联网日志文件(包括点击流数据)、搜索索引、社交媒体论坛、电子邮件、文档、主动和被动系统的传感器的原始、半结构化和非结构化数据。其中,爆发式增长的一些数据,如互联网上的文本数据、位置信息、传感器数据、视频等,用企业中主流的关系型数据库是很难存储的,它们都属于非结构化数据。

(3) 高速性(velocity)

数据产生和更新的频率快,也是大数据的一个重要特征。就像人们收集和存储的数据量和种类发生了变化一样,生成和需要处理数据的速度也在变化。不要将速度的概念限定为与数据存储相关的增长速率,应将其理解为数据流动的速度。有效处理大数据需要在动态过程中对它的数量和种类进行分析,而不只是在静态执行分析。

(4) 价值性(value)

大数据有价值高、密度低的特点,数据的确是有价值的,但大多数是无用的。以视频为例,一小时的视频,在不间断的测试过程中,可能有用的数据只有十几秒。

(5) 真实性(veracity)

大数据中的内容与真实世界中发生的事件息息相关,要保证数据的准确性和可信赖度。研究大数据就是从庞大的网络数据中提取出能够解释和预测现实事件的数据。但是前提是提取的数据要具有足够的准确性。例如沃尔玛通过大数据分析用户信息,可以知道用户独特的需求和喜好,并能够预测出用户下一步动作,并在用户行动前向用户推送信息。

三、云计算

1. 定义

云计算是一种商业计算模型,它将计算任务分布在大量计算机构成的资源池上,使用户能够按需获取计算力、存储空间和信息服务。这种资源池称为"云"。"云"是一些可以自我维护和管理的虚拟计算资源,通常是一些大型服务器集群,包括计算服务器、存储服务器和宽带资源等。云计算将计算资源集中起来,并通过专门软件实现自动管理,无须人工参与。用户可以自主申请部分资源,支持各种应用程序的运转,无须为烦琐的细节而烦恼,能够更加专注于自己的业务,有利于提高效率、降低成本和技术创新。

之所以称为"云",是因为它在某些方面具有现实中云的特征:云一般都较大;云的规模可以动态伸缩,边界是模糊的;云在空中飘忽不定,无法也无须确定它的具体位置,但它确实存在于某处。

2. 特征

(1) 超大规模

"云"具有相当的规模,谷歌云计算已经拥有100多万台服务器,亚马逊、微软和雅虎等公司的"云"均拥有几十万台服务器。"云"能赋予用户前所未有的计算能力。

(2) 虚拟化

云计算将传统的计算、网络和存储资源通过提供虚拟化、容错和并行处理的软件,转化成弹性伸缩的服务。云计算支持用户在任意位置使用各种终端获取服务,用户只需要一个笔记本电脑或平板电脑,就可以通过网络服务来获取各种能力超强的服务。

(3) 高可靠性

"云"采用了数据多副本容错、计算节点同构可互换等措施来保障服务的高可靠性,比本地计算机更加可靠。

(4) 通用性

云计算不针对特定的应用,在"云"的支撑下可以构造出千变万化的应用,同一片"云"可以同时支撑不同的应用运行。

(5) 可伸缩性

云计算运用网络整合众多的计算机资源,构成技术存储模式,实现多种功能,包括并行计算、网格计算、分布式计算、分布式存储等。"云"的规模可以动态伸缩,满足应用和用户规模增长的需要。

(6) 按需服务

"云"是一个庞大的资源池,用户按需购买,像水电那样计费。

(7) 极其廉价

"云"的特殊容错措施使得可以采用极其廉价的节点来构成云;"云"的自动化管理使数据中心管理成本大幅降低;"云"的公用性和通用性使资源的利用率大幅提升;"云"设施可以建在电力资源丰富的地区,从而大幅降低能源成本。因此"云"具有前所未有的性能价格比。

四、人工智能

1. 定义

人工智能(artificial intelligence,AI),是研究、开发用于模拟、延伸和扩展人的智能的理论、方法、技术及应用系统的一门新的技术科学。

智力或智能是指生物一般性的精神能力。这个能力包括理解、计划、解决问题,抽象思维,表达意念以及语言和学习的能力。

智力三因素理论认为智力分为成分性智力、经验智力、情境智力。成分性智力指思维和问题解决所依赖的心理过程;经验智力指人们在两种极端情况下处理问题的能力,即新异的或常规的问题;情境智力反映在对日常事务的处理上,包括对不同环境的适应,选择合适的环境以及有效地改变环境以适应需要。

人工智能是计算机科学的一个分支,是研究机器智能和智能机器的高新技术学科,是实现某些脑力劳动自动化的技术基础,是开拓计算机应用技术的前沿阵地,是探索人脑思维奥秘和应用计算机的广阔领域。人工智能的研究包括机器人语言识别、图像识别、自然语言处理和专家系统等。

人工智能的近期主要目标在于研究用机器来模仿和执行人脑的某些智力功能,而远期目标是用自动机模仿人类的思维活动和智力功能。对人工智能的研究目前已形成了一个庞大的学科群,其主要的子学科有专家系统、知识工程、知识库、模式识别、机器人等。人工智能中与管理信息系统关系密切的主要有专家系统、决策支持系统和知识库系统等。

随着人工智能的发展,其在信息系统中的运用越来越广泛。人工智能参与的信息管理系统将会大大节省人力、物力,提高数据有效利用率,优化第三产业服务能力,提高生产力,降低管理难度,同时也提高了技术层面的要求。

2. 特征

(1) 由人类设计,为人类服务,本质为计算,基础为数据

从根本上说,人工智能系统必须以人为本,这些系统是人类设计出来的,按照人类设定的程序逻辑或软件算法,通过人类发明的芯片等硬件载体来运行,其本质是计算。人工智能通过对数据的采集、加工、处理、分析和挖掘,形成有价值的信息流和知识模型,来提供延伸人类能力的服务,实现对人类期望的一些"智能行为"的模拟,在理想情况下必须体现服务人类的特点。

(2) 能感知环境,能做出反应,能与人交互,能与人互补

人工智能系统应能借助传感器等器件对外界环境(包括人类)进行感知,可以像人一样通过听觉、视觉、嗅觉、触觉等接收来自环境的各种信息,对外界输入做出文字、语音、表情、动作(控制执行机构)等反应,甚至影响到环境或人类。借助按钮、键盘、鼠标、屏幕、手势、体态、表情、力反馈、虚拟现实或增强现实等方式,人与机器间可以交互与互动,使机器设备越来越"理解"人类乃至与人类共同协作、优势互补。

(3) 有适应特性,有学习能力,有演化迭代,有连接扩展

人工智能系统在理想情况下应具有一定的自适应特性和学习能力,即具有一定的随环境、数据或任务变化而自动调节参数或更新优化模型的能力;并且能够在此基础上通过与云、端、人、物进行数字化连接扩展,实现机器客体的演化迭代,以使系统具有适应性、稳健性、灵活性、扩展性,来应对不断变化的现实环境,从而使人工智能系统在各行各业得到广泛的应用。

第二节 人力资源管理信息系统简介

一、发展历史

人力资源管理信息化的起源要追溯到 20 世纪 50 年代的工资服务。当时美国流行起为企业制作工资报表的服务,由于计算机还没有出现,因此工资报表的制作还停留在手工阶段。直到 20 世纪 60 年代初,工资报表代理公司拥有了计算机,于是自动化的工资系统诞生了,并在 70 年代上半期由美国传入欧洲。

20 世纪 80 年代初,个人计算机的出现使这项产业发生了巨大的变化,当时的企业可以开始自己制作工资系统了,综合的人力资源管理服务概念也被提出。整个 80 年代,人力资源管理在企业发展战略中的地位逐渐上升,人力资源从业人员的战略化作用

日益凸显，"以人为本"的观点随之形成。与人力资源管理相关的事务越来越多，相应的行政成本也越来越高。通信技术和计算机技术的发展为人力资源管理提高效率、降低成本带来了契机。呼叫中心通过电话回答员工关于工资和福利的问题，维护了企业在员工心目中的形象；数据库技术则为企业提供了自动化的工资和个人税务系统，提高了工作效率，降低了运行成本。

因此，也就是在 20 世纪 80 年代初，随着计算机系统在管理领域普遍应用，国外一些领先的应用软件企业就开始了对人力资源信息化的研究。与其他应用系统一样，最初的人力资源信息化也是针对人力资源管理工作中最复杂、最繁重的部分进行，即薪资的计算。为了及时、准确地进行薪资发放，管理人员必须及时掌握组织内部人员变动、时间、绩效等与薪资发放相关的情况，并制定与组织的发展相适应的薪资政策和激励策略。这对于规模较大的组织来说，工作量比较大。与薪资管理密切相关的财务管理的标准化也对人力资源信息化起到了重要的推动作用。在这个阶段，计算技术是关键技术，电子表格技术的发展，也具有重要作用。

随着信息技术的发展和组织对信息化要求的普遍提高，到了 20 世纪 80 年代的中后期，很多企业已经不再满足于单一的、孤立的人力资源信息化状态，尤其是对于具有广泛地域分布的集团化企业，人力资源管理信息化已经开始滞后于企业人力资源的发展，这种滞后主要还是信息化所采用的技术落后。管理者经常因为不能及时掌握企业最新的人力资源管理状况而苦恼。为了变革这种状况，人们开始关注网络技术。当时，很多核心业务的信息系统已经开始使用网络技术，网络技术最大的优势是让信息不再被地域所阻隔，对于管理系统来说，这是至关重要的。因此，网络化逐步成为各类信息化系统的关键技术，对于人力资源信息化也不例外，这期间大量的网络版的人力资源管理系统应运而生。在使用这些系统时，通常不会感觉到网络的重要，这是因为这种更贴近实际生活的应用方式很快就让人们习以为常。但是网络技术带给人力资源管理，或者说网络技术带给各种管理工作的是一种革命，而不是简单的技术更新。因此，可以说互联网的出现为人力资源管理的信息化加入了推进剂。结合了日益成熟的数据库技术，各项信息化的人力资源管理业务相继出现，招聘、薪酬福利管理、绩效管理与评估、培训和反馈等都以网络为载体，将管理层与员工层紧紧联系起来，更在企业文化的建设上产生了意想不到的效果。

随着组织管理思想的逐步成熟，人们开始认识到，人力资源管理不仅是组织内部的一种辅助管理行为，而且也是组织生存和发展的关键。这时，越来越多的人力资源管理方法和理念开始被应用，尽管其中很多的方法和理念不是刚刚出现的，它们在几十年前的大学教科书中就已经出现了，但是却很少被应用到实践当中。这时，人们开始关注的不仅仅是日常的人力资源管理业务，而是如何从提升人力资源管理价值入手，考虑如何改善企业内部的人力资源管理状况。这种管理思想的变革，逐渐地延伸到人力资源信息化，就出现了电子人力资源管理系统(electronic human resource system，eHR)这种新模式。在 eHR 系统出现之前，那时的人力资源系统还只能被称为人力资源信息系统（human resource information system，HRIS），而不是人力资源管理系统（human resource management system，HRMS）。这也从一个侧面说明，在 eHR 出现以前的人力资源信息化,只是基础信息的管理,还没有上升到对业务的全面管理。人力资源管理理念的提升,促使了 eHR 的出现,但是另一个推动人力资源信息化发展的关键因素是信息技术,尤其是电子商务技术的出现和发展。

人力资源管理系统是提高人力资源管理工作科学化、现代化水平,提高企业人力资源管理能力的重要手段和基础保障。HRMS 的发展历史可以追溯到 20 世纪 60 年代末期,但当时由于技术条件和需求的限制,用户非常少,而且那种系统也只不过是一种自动计算薪资的工具,既不包含非财务的信息,也不包含薪资的历史信息,几乎没有报表生成功能和薪资数据分析功能。第二代的 HRMS 出现于 20 世纪 70 年代末,由于计算机技术的飞速发展,对非财务的人力资源信息和薪资的历史信息都给予了考虑,其报表生成和薪资数据分析功能也都有了较大的改善。

从 20 世纪 90 年代开始,由于市场竞争的需要,如何吸引和留住人才,激发员工的工作责任感和热情成为关系企业兴衰的重要因素,人才成为企业最重要的资产。"公正、公平、合理"的企业管理理念和企业管理水平的提高,使社会对人力资源管理系统有了更高的需求;同时由于个人电脑的普及,数据库技术、客户/服务器技术,特别是互联网/内网技术的发展,使得第三代 HRMS 的出现成为必然。第三代 HRMS 的特点是从人力资源管理的角度出发,用集中的数据库将几乎所有与人力资源相关的数据(如薪资福利、招聘、个人职业生涯的设计、培训、职位管理、绩效管理、岗位描述、个人信息和历史资料)统一管理起来,形成集成的信息源。2000 年后,HRMS 进入革命性变革阶段,友好的用户界面、强有力的报表生成工具、分析工具和信息的共享使得人力资源管理人员得以摆脱繁重的日常工作,集中精力从战略的角度来考虑企业人力资源规划和政策,衍变成以人力资源管理为核心的知识管理系统。

我们可以把人力资源管理信息化的发展划分成四个阶段,如表 1-1 所示。

表 1-1 人力资源管理信息化的发展阶段

	20 世纪 60—70 年代	20 世纪 80 年代初	20 世纪 80 年代中后期	20 世纪 90 年代
发展状况	60 年代,美国为企业制作工资报表的企业拥有计算机后,自动化系统诞生,70 年代传入欧洲	个人计算机出现,企业首次可以自己制作工资系统,随着人力资源管理在企业管理中地位上升,人力资源管理系统被提上重要日程	很多企业不满足于单一的孤立的人力资源信息化状态,开始关注网络技术,并将之应用于人力资源管理系统	随着组织管理思想的逐步成熟,越来越多的人力资源管理方法和理念得到应用,产生了新的人力资源信息化模式
主要系统	自动化工资系统	自动化工资系统、个人税务系统、呼叫中心等单独的操作系统	网络版的人力资源管理系统	eHR 系统

今天的人力资源管理信息系统,能够以前所未有的高速度进行企业政策和各种意见的上传下达。绩效管理和薪酬福利紧密挂钩的结果随时供员工查询,对员工起到了

极大的激励作用。通过网络进行员工培训，不必占用员工大量工作时间，节省了企业的运行成本，为企业更好的发展奠定了基础。所以，人力资源信息系统是人力资源管理和计算机技术结合的产物，是人力资源管理发展的重要里程碑。

二、包含内容

数字化要求转变传统的人事管理理念，实现管理理念创新和"以人管人"到"数据管人"的进步。可以肯定的是，数字人事为企业各个部门选人、用人、维护人才提供了全新的参考依据，实现了人事数据信息化、人事机制智能化、人事水平高效化的全面进步，摆脱了制度不清、职责不明、体系松散给企业人事制度带来的危害，为企业的发展提供了上升空间，保证了员工队伍的高效性。

1. 决策管理模块

在现代企业管理中，为了应付频繁的企业重组及人事变动，企业的管理者可以运用人力资源信息系统，更改企业组织架构和各部门人员结构，对各个方案的运行情况进行效果分析，继而根据最佳的效果选择人力资源管理体系，以达到提升管理质量的目的，使企业在激烈的市场竞争中立于不败之地。除此之外，人力资源规划还可构建职务模型，包括职位要求、升迁路径和培训计划。根据担任相关职位员工的资格和条件，系统会提出一系列针对性培训建议；一旦机构改组或职位变动，系统还会提出一系列的职位变动和升迁建议。以上规划一旦被确认，现有结构便会被替换。

2. 招聘管理模块

招聘管理模块包含了招募和选拔，具体的流程可以分为七步。第一步，进行职位分析，中小企业可参考上一年度业绩报告及经营状况来评价所需空缺岗位是否需要聘用人员以及以何种聘用条件录用等。第二步，建立素质模型，将岗位所需技能纳入考虑范围。第三步，进行市场人才分析，将岗位信息与市场现有招聘信息对比，查看大企业及其他中小企业对同种岗位人才的聘用条件、录用标准等信息。第四步，选择招聘渠道，应根据岗位特性选择不同的渠道。第五步，简历筛选，选择出匹配岗位的简历。第六步，评价中心技术，对候选者进行包括心理测验、面试等一系列综合评估，必要时可借鉴一些大企业成功的评估方法。第七步，对拟录用者情况进行综合核查。

3. 绩效管理模块

现代企业通过人力资源信息系统对员工、部门和组织进行绩效管理，进而推动公司各项关键指标及重点工作任务的落实，促进企业管理水平提升和员工个人能力发展，形成集约化、信息化、价值化的全员绩效管理体系，从而实现企业价值创造和增值。

绩效管理的第一步是绩效计划，这是绩效管理的首要环节，要结合部门目标、组织目标以及员工上一周期的绩效情况，在上级的指导下制定适应各个员工的合理绩效计划。第二步是绩效执行，即公司管理层对员工绩效进行监督和指导，以帮助员工完成制定的绩效计划。第三步是绩效评价，也就是绩效考核，公司应用科学合理的方法，对员工绩效进行合理公正的考核。第四步是绩效反馈，绩效反馈是提升员工绩效和完成绩效计划的重要环节，要求对员工的过去行为进行分析，并着眼于改善员工的未来绩效。

4. 薪酬管理模块

工资核算是人力资源信息系统最早的功能。发展至今,薪酬的概念不断明晰,薪酬管理体系不断完善,企业也在不断强化现代化的科学薪酬管理理念,薪酬管理的重要性越发明显。薪酬的重要作用一是对员工过去业绩的肯定,二是借助有效的薪资福利体系促进员工不断提高业绩。如何处理内部公平是薪酬管理的一个重要目标。企业在薪酬管理中能否做到公平地对待所有员工,极大地影响着员工的满意度和忠诚度,进而影响着员工工作的积极性、进取心甚至员工的去留。薪酬管理模块主要包含薪酬体系设计、薪酬日常管理两个方面。

5. 培训管理模块

员工培训管理模块主要负责对在职员工进行业务培训和对新入职员工进行岗前培训等工作,其中包括培训记录模块、培训课程设置模块等。培训记录模块要求准确记录某一具体的员工何时何地参与何种类型培训以及培训的周期和考核情况。具体而言,培训记录模块要实现添加、编辑、删除和查询员工培训记录的功能;培训课程设置模块要可以设置、更新培训课程信息。

6. 继任管理模块

继任管理是用来识别和培养组织内部的高潜人才,以填补关键领导岗位或专业岗位的一系列业务流程。继任管理模块的步骤如下。第一步,在正式实施继任管理计划前,应明确企业的中长期战略,分析市场、研发、生产等业务战略会对企业未来人力资源管理产生何种影响,对人才类型和发展通路有何种特殊要求。第二步,制定选拔标准,确定企业中的关键岗位,做好关键岗位描述,定义其岗位职责。第三步,选拔优秀接班人,根据企业特点,建立适合本企业的系统的人才评估体系,例如360度人才评估体系。第四步,根据评估结果,选择有潜力的人员进入继任人才库,收集接班人性格、工作风格、绩效、能力和管理经验方面的重要信息,再根据综合评级确定接班人接替顺序、编制接班人接续图。

7. 员工内部社交管理模块

首先,人际关系管理模块主要通过完善不同员工的信息以及相互关系,继而实现按照部门进行员工人际关系管理的过程,促进员工间的沟通。其次,信息化管理能够加强不同部门人员与顾客在利益需求沟通、情感沟通、责任与义务沟通方面的制度化建设,是落实沟通管理制度的关键。同时,企业借助信息化系统,有利于树立"一个制度"领导下的关系营销与沟通管理,通过加强管理环节的规范化,促进现代管理体系相互融合。最后,人力资源信息系统能够明确顾客的真实需求以及对产品与服务的意见。

第二章　SuccessFactors 系统概述

> **学习目标**
> 1. 了解 SuccessFactors 背景及其包含板块内容。
> 2. 了解 SuccessFactors 项目实施团队建设过程及各部门职责。
> 3. 掌握 SuccessFactors 系统实施具体流程。

第一节　SuccessFactors 简介

一、SuccessFactors 公司概况

SAP SuccessFactors(以下简称 SF)公司于 2001 年在美国硅谷成立。2011 年 SAP 斥资 34 亿美金收购了 SF。SF 是一家采用"软件即服务"(Software as a Service,SaaS)模式的人力资源软件提供商,与传统的 On-Premise 模式相比 SaaS 模式有一定的优势。传统的 On-Premise 软件需要用户买软件,买服务器,安装软件后由顾问公司负责业务梳理并负责实施,项目上线后,客户还需要按照用户数向软件供应商支付许可费,客户的总拥有成本(total cost of ownership,TCO)过高。SaaS 模式的好处是无须购买软硬件,只需要前期支付一次性的项目实施费和定期的软件租赁服务费,并且能享用每年四次的免费更新服务,并且 SaaS 模式上线周期也更短。SuccessFactors 作为全球人力资源与绩效管理 SaaS 供应商,为不同行业和规模的公司提供了一整套价格经济、可按需选用的绩效与人才管理套件,涵盖了人力资源管理工作的方方面面。

二、SuccessFactors 产品特色与模块功能

SuccessFactors 产品目标是通过人力资源管理水平的提高,推进企业业务发展和核心竞争力的建设。SuccessFactors 产品解决方案的核心价值是:
① 强化战略执行力,通过目标分解和绩效监控缩小战略与执行的差距;
② 加强企业领导力建设与核心人才的培养;
③ 优化人力资本的投资,提高人力资本效能(效率和能力)。
SF 以绩效管理起家,人才管理是 SF 的强项,通过近年来一系列的并购,SF 已经打

造成了一个提供整体解决方案的 HR 管理软件,主要包括目标管理、绩效管理、薪酬管理、继任管理、学习发展、招聘管理、员工档案、人力分析、人力规划等模块,模块功能如表 2-1 所示。

表 2-1　SF 模块功能

模　块	模　块　功　能
员工中心	SF 员工中心模块创建了一个完整的员工信息档案库,促进相互合作和知识共享,发掘组织人才,并在人才部署方面作出明智的决策;同时帮助员工彼此间互相交流,促进他们对公司整体情况的全面了解
	● 员工档案管理:个人信息管理、查看同事信息、查看团队信息、添加新员工信息 ● 公司架构:组织、职位、公司结构图查看 ● 假期与加班管理:假期查看、假期申请、加班管理
员工招聘	在 SF 招聘管理模块中,用户可以根据企业人才需求与职位说明书制定招聘计划,并在第三方招聘网站上发布招聘需求,同时能实现面试全过程管理,入职全管理等,并可以简化发现、筛选、聘用内部及外部应聘者并管理其入职的过程,最大限度地提高招聘带来的价值
	● 职位需求创建与发布:主要包括职位需求创建、审批、需求发布、内部推荐、外部招聘 ● 面试管理:主要包括面试准备、面试安排与邀约、面试评价、Offer 审批、Offer 发放 ● 入职管理:主要包括 HR 预录用、员工填写信息
绩效管理	SF 绩效管理功能包括目标管理、持续绩效、绩效评估三个模块,通过鉴别、使用、激励和保留高绩效员工,利用自动化且简化的绩效审核系统对员工进行测评,并给出重要反馈,进而推动公司各项关键指标及重点工作任务的落实,促进企业管理水平提升和员工个人能力发展
	● 目标设定:创建新的目标、利用目标向导添加个人目标、级联目标、执行地图 ● 持续绩效:活动记录、成就标注、绩效反馈 ● 绩效评估:启动绩效评估表单、表单流转、绩效校准
薪酬管理	SF 有独特的薪资计算流程,薪酬管理模块主要由薪资主数据、薪酬操作中心及后续流程三部分构成。根据员工个人绩效,对高绩效员工进行奖励,包括加薪、奖金和股票等,实现对高绩效员工的及时激励和保留
	● 薪酬体系设计:主要包括启动薪酬计划、制定薪酬计划、薪酬计划审核 ● 薪酬日常管理:主要包括查看薪酬信息、更改薪酬信息、团队激励发放
学习和培训	SF 中的培训管理模块是关于员工素质及能力全方位提升的解决方案,涵盖培训需求设计、课程设计、在线学习、效果反馈等一系列的内容。培训可以帮助员工发挥其全部潜能,确保员工具备满足公司所需的技能,并给他们提供各种工具来帮助他们取得成功,最终目的是要实现个人发展与组织发展的和谐统一
	● 培训管理模块功能(管理员):在线课程创建、内容创建、试题库的创建、测验创建、在线课程内容对接 ● 培训管理模块功能(学员):查看课程、课程评估、查看相关报告、打印证书
继任管理	SF 的继任管理模块通过继任者图谱、人才库、人才九宫格等功能板块的结合,使企业对关键岗位继任者的就绪度与当前状态等有充分了解,确保公司内具有充分的后备人才,保证企业高效稳定发展;同时利用人才搜索工具在公司内搜寻继任人员,并对搜寻到的继任人员进行全面的比较

(续表)

模　块	模　块　功　能
继任管理	• 了解人才：查询本组织人才的能力、绩效、潜力、继任等信息 • 后备梯队管理：增加人才库、提名、修改人才库信息（将继任者候选人添加进人才库）、查看继任者结构图 • 人才搜索：输入搜索条件，找到符合条件的人选
人力资源分析与报告	招聘合适人才填补组织内部空缺，基于对绩效的清晰了解，战略性地招聘合适人才资源，最大限度地提高招聘带来的价值 为公司提供多层次的基于人力资源的分析，包括员工信息、绩效、薪酬、招聘等模块，以及基于时间段，基于年龄，基于各组织的多层次的分析对比；针对不同方面的管理需求提供数据的整合、分析和监控，帮助管理人员进行决策

第二节　SuccessFactors 系统实施

一、团队建设

企业与 SAP SuccessFactors 达成合作意向后的首要工作便是在企业内部成立一支 SF 项目实施团队。SF 接入企业的每个环节，几乎都需要企业人员参与，Success Factors（简称 SF）系统实施能否快速、高效地完成，与企业项目团队的完整性有着密切联系。因此，为了实施工作的顺利开展以及系统实施完成后在内部流畅运作以达到提升人力效能的目的，需要组建一个由 SAP SuccessFactors 产品方、客户方和实施方组成的团队。

客户项目团队的成员应包括客户项目经理（PM）以及其公司内部的系统管理员（SA）、人力资源经理（HR）、IT 资源（IT）和培训部门经理（TR）。实施团队成员包括项目实施经理（SAP）及其手下的实施顾问。三方构成如图 2-1 所示。

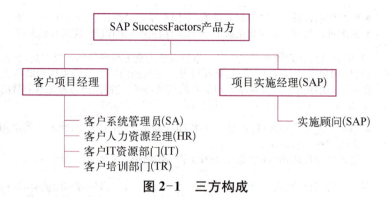

图 2-1　三方构成

SAP SuccessFactors 产品方即 SF 系统的提供方，在实施过程中要提供所需的各个系统版本，以及在实施工作结束后对客户 SF 系统提供上线支持。

项目经理是执行 SF 实施项目计划的执行主管,是日常项目活动的主协调者。他是真正对整个 SF 项目实施过程中主要负责的人。项目经理要及时协调、处置实施过程中遇到的实际问题,对有可能发生的矛盾做出最终调解和裁定。项目经理必须在项目规定的时限内,合理调配项目各个环节活动的人、财、物的投入,对阶段性产出进行评估,确保及时完成任务,同时还要帮助双方团队进行信息沟通,设置会议,为 SF 项目团队指明方向。

系统管理员是系统实施完成后企业内部 SF 运行的主要管理员,因此要学习使用系统管理工具,清楚 SF 系统各个板块及系统设置。

人力资源经理是公司人力资源部门相关负责人。系统实施后,人力资源部门是 SF 系统的主要操作者,因此 HR 要参与划定业务上线范围,参加培训以熟悉业务流程和操作。

IT 资源部门要收集企业内部资料,建立安全资源库,并负责企业数据的安全完整上传。

培训部门主要工作是训练 SF 系统操作培训师和组织后续企业内部员工培训。

客户参与人员具体职责如表 2-2 所示。

表 2-2 客户项目团队职责

角色	职责
SAP SuccessFactors 产品方	● 提供实施过程中所需的各个系统版本 ● 批准变更请求 ● 解决系统升级问题 ● 正式批准上线计划
项目经理（PM）	● 制定项目计划和活动安排 ● 参与上线范围验证活动,并最终确认 ● 解决实际问题,确保及时完成任务 ● 确保信息传达到位,为 SF 团队指明方向 ● 执行项目后勤(设置会议等) ● 管理上线清单的完成情况
系统管理员（SA）	● 了解如何使用系统管理工具维护配置设置 ● 促进改进决策 ● 执行改进和系统设置 ● 参加测试,做出反馈
人力资源经理（HR）	● 参与上线范围确定活动 ● 参加并掌握用户培训 ● 参与改进决策,确定系统特殊需求 ● 参加测试,做出反馈
IT 资源（IT）	● 构建企业信息资源安全库 ● 协助准备要上传的迁移数据
培训部门（TR）	● 为用户组织和推进培训师计划

二、实施方法论

SAP SuccessFactors 快速部署实施方法从开始到结束分为四个阶段：准备、探索、测验、部署。每个阶段对应不同的侧重内容。

1. 准备阶段

准备阶段主要工作包括项目准备、SAP Best Practices/RDS 部署和项目启动研讨会。具体细节如图 2-2 所示。

上线范围验证与确认	需求提炼与特殊需求开发	项目启动研讨会
1. 分析客户原有人力体系 2. 构建企业安全资源库 3. 创建项目计划 4. 设置项目文档库	1. 对SAP Best Practices进行预配置 2. 使预配置的云租户可用，并为快速部署解决方案的相关实施活动做好准备	1. 双方团队识别与介绍 2. SF团队向客户项目团队介绍业务流程和快速部署方案 3. SF团队与客户确认项目团队角色以及各自的任务分配 4. 双方就项目活动的具体时间表达成一致

图 2-2　准备阶段主要工作

项目准备环节要求确保项目准备充分，能够被有效地执行，因此在这一环节要对客户企业人力数据进行收集与分析，构建安全资源，创建项目计划并设置项目文档库。

项目准备的第一步是评估企业原有人力资源管理体系的效益，让公司管理层了解企业目前人力资源管理所处状况以及存在的缺点，了解人力资源利用情况以及人力资本价值上升空间等信息。第二步是分析企业需求，深入剖析企业人力资源管理难点以及其在人力资源管理信息系统中的特殊需求。在分析过程中要注意对管理需求与业务需求全面解析，但又要记住管理需求为根本，业务需求为依据，用科学的方法分析出需求。第三步是对企业人力资源数据进行采集与整理，构建安全资源库。第四步是创建项目计划和设置项目文档库，确保资源得到分配并有足够的宽度来执行。

SAP/RDS 部署就是激活 Best Practices。快速部署 SAP SuccessFactors 并开展项目活动的先决条件之一是为客户提供 SAP Best Practices 安装包。

SAP 项目团队首先要对 SAP Best Practices 进行预配置，预配置程度取决于客户公司需求范围；然后使预配置的云租户可用，并为与快速部署解决方案相关的实施活动做好准备。

项目启动研讨会需要客户项目高层、客户项目经理、客户系统管理员、客户人力资源业务合作伙伴、客户 IT 资源、客户培训部、项目实施经理(SAP)和实施主管(SAP)参与，项目启动研讨会的主要目的是：① SAP 团队向客户团队介绍业务流程和快速部署流程；② 确认客户项目团队角色以及各自的任务分配；③ 就项目活动的具体时间表达成一致。

2. 探索阶段

探索阶段的主要任务包括上线范围验证与确认、需求提炼与特殊需求开发、最佳系统配置以及系统管理知识和技能培训，如图 2-3 所示。

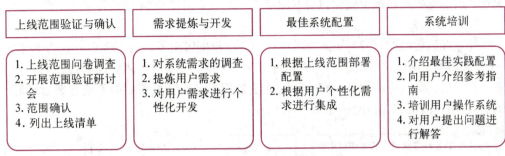

图 2-3　探索阶段主要工作

（1）上线范围验证

SF 项目团队依据项目范围验证指南设计调查问卷，并请客户完成范围问卷调查，依此捕获允许的细化和配置更改。SF 项目团队依据问卷调查结果开展范围验证研讨会。

（2）上线范围验证确认

范围验证研讨会完成后，SF 业务顾问将与客户团队一起审查范围验证研讨会的结果。此步骤的主要目的是，确保客户团队了解范围验证研讨会的产出，也就是交付的范围的详细信息，双方交流信息，使客户对上线范围的期望保持一致，列出上线清单。

（3）需求提炼

通过访谈法与问卷法等，对公司高层及人力部门就 SF 系统需求进行调查，将调查结果告知客户项目团队，之后进一步确认明晰 SF 系统功能需求。

（4）用户特殊需求开发

依据上一步提炼出的客户需求，筛选出原 SF 系统中不具备的功能，并进行个性化开发。例如部分用户报表，要根据公司性质与管理方式设计新报表。

（5）最佳系统配置

SF 项目团队基于 SuccessFactors 超过 10 年的经验和专业知识，在范围验证研讨会提供了优先级的基础上，依据划定的上线范围和用户功能需求，制定具有完整功能的最佳配置。此步骤要求该配置在上线时与所需状态保持一致，成为之后流程中进行配置优化的基准。

（6）介绍最佳实验设置

下一步是介绍并完成客户特定的最佳实验配置。进行现场演示，包括问答环节以及客户配置的自定进度演示，使客户团队初步熟悉基准配置，并可在上线后将之用作参考指南。

（7）系统管理知识和技能培训

此环节属于 SF 项目团队对客户项目团队的培训过程。此环节的主要工作包括：

提供系统管理员知识材料,向用户团队介绍快速参考指南,培训优化决策工作表和优化过程的详细操作,培训如何查看系统数据映射状态并回答问题,提供详细的实例演练并进行问答。这些步骤的主要目的是教客户团队了解配置改进的操作和注意事项,使系统管理员能够熟悉系统设置并执行其功能。

3. 测验阶段

经过探索阶段的开发与更新,SF项目团队已经配置出了适用于客户企业的个性化SF开发版本。测试阶段的主要目的是对这个SF开发版本进行测验,以验证所做的改进以及发现仍需改进的环节。测验阶段的主要流程是配置更新后的系统方案、设置测试系统、用户测试、二次开发,如图2-4所示。

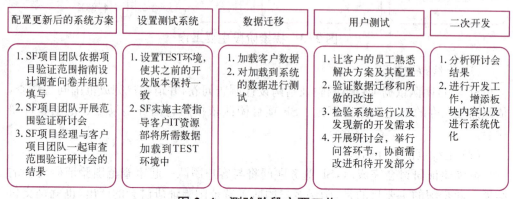

图2-4 测验阶段主要工作

(1) 配置更新后的系统方案

SF项目团队将SF开发版本交给客户,并指导安装。之后,SF实施主管和客户项目团队(尤其是系统管理员)一起工作,以完成快速部署解决方案范围内允许的所有配置。此环节主要内容是SF实施主管指导客户系统管理员执行所需的系统设置以及部分优化,以帮助客户在允许的情况下注入自己公司的特色文化。

(2) 设置测试系统

此前已经在开发版本中验证了客户配置和优化,下一项工作就是安排测试。此环节的主要内容是设置测试环境,使其之前的开发版本保持一致。

(3) 数据迁移

测试系统设置结束之后要将客户数据加载进来,此环节的主要内容是SF实施主管指导客户IT资源部将所需数据加载到测试环境中。此步骤所需数据来源于准备环节中的建立起的安全资源库。

(4) 用户测试

此前受过培训的用户和管理员在他们的实例上进行测试。此环节的主要目的,是让客户的员工有时间熟悉解决方案及其配置,验证数据迁移和所做的改进,检验系统运行以及发现新的开发需求。测试后再次举行知识转移研讨会,SF项目团队就客户项目团队在测试过程中遇到的操作问题举行问答环节,另外双方团队要在研讨会上充分沟通,明确需要二次开发的板块内容以及开发版本中需要改进的部分。

(5) 二次开发

此环节的主要内容是依据用户测试后的结果以及召开研讨会商议开发方案，对开发版本系统进行二次开发，增添板块内容以及进行部分优化，以满足客户工作需求。

4. 部署阶段

经过前三个阶段的工作，SF 团队已经准备好了针对目标客户的 PROD 实例，并准备上线。部署阶段的主要工作包括最终系统交付、编制上线计划、上线支持和收尾、售后，如图 2-5 所示。

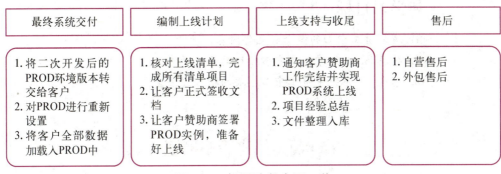

图 2-5　部署阶段主要工作

（1）最终系统交付

此前已经验证了测试中的客户配置和数据迁移，并经过二次开发，确定了最终的 PROD 版本。PROD 是 production（生产）的简称，代表正式生产环境。PROD 版本也就是 SF 正式提供对外服务的版本。此环节的主要内容包括将 PROD 转交给客户、对 PROD 进行重新设置、将客户全部数据加载入 PROD 中。

（2）编制上线计划

此环节的主要目的是对 PROD 环境进行正式签收以便上线。此环节的主要内容包括核对上线清单、完成所有清单项目、让客户正式签收文档、让客户赞助商签署 PROD 实例。

（3）上线支持与收尾

本环节的主要工作内容包括通知客户赞助商工作完结并实现系统上线、对项目进行经验总结、反思工作内容和结果、优化工作流程、将此次系统实施文件整理入库。

（4）售后服务

依据客户情况，售后服务分为两种：SF 自营售后服务和外包售后服务。SF 自营售后服务即 SF 项目实施团队与客户公司保留沟通渠道，当客户需要售后服务时，派专人进行沟通。外包售后服务即 SP 与其他科技公司合作，由其他公司负责系统实施合同结束后的售后服务。具体的售后服务包括：SP 系统的问题解答及远程培训指导、诊断系统 bug 并处理、紧急维护、系统新版本、新功能和补丁程序包的通告和解释等。

第三章　员工中心

> **学习目标**
> 1. 理解员工中心的概念和主要内容。
> 2. 熟悉 SF 系统中员工中心模块的基本功能。
> 3. 掌握 SF 系统中员工中心模块的操作方法。

第一节　员工中心概述

一、员工中心的模块介绍

员工中心模块帮助企业创建一个完整的员工信息档案库,促进相互合作和知识共享,发掘组织人员拥有的知识,并在人才部署方面作出明智的决策。

1. 完整档案库

可记录、查询每个员工完整详细的档案信息,促进公司范围内的有效协作。

2. 全周期信息管理

对员工进入公司后的所有人力资源管理信息进行管理,包括入职、调动、晋升、出勤、目标和考核、薪酬调整、培训发展、继任者信息等。

3. 人才搜索

搜索员工档案中的丰富信息,识别及了解组织中的人员实际状况,从而快速了解人才资源配置情况。

二、员工中心主要功能

核心人力资源管理数据结构包括职位管理、员工主数据与人力资源流程,内容分为主页功能、员工档案管理、组织结构与职位、假期与加班管理。

主页功能包含待办事项、新闻、我的团队、我的信息等模块。

员工档案包含个人信息、雇佣信息、工资单信息、时间和简档等,记录与管理员工进入公司后的人力资源信息。

组织结构与职位包括组织结构图、职位结构图、公司结构概览与名录等信息模块。

通过这一功能,员工可以自行查看公司人员上下级的汇报关系、查找人员和职位具体信息、公司组织结构。

假期与加班管理包含假期查看、假期申请、加班管理等。员工可以自助申请假期与提交加班信息,审批通过后,后续的津贴及相关统计立即生效。

员工中心模块保存与维护着企业大量的人才数据信息,最大价值在于确保企业范围内信息对称及基于数据进行挖掘分析,最终实现大数据应用,从而更高效合理地管理人力资源。

1. 人事管理

员工档案中包含人员基本信息、证件信息、通信信息、地址信息、户口信息、家庭成员信息等,以满足业务管理、统计分析、集团上报等需求;此外还包括员工入职以后的人事记录,如薪酬记录、考勤记录、绩效记录、培训记录、社保记录、调岗记录、调薪记录、奖惩记录等。

系统支持入离调转人事业务的在线办理,与其他系统模块关联集成,如OA系统、招聘模块等。这些业务可以通过系统工作流平台进行审批处理,业务办理的结果直接记录在员工档案中,相关数据也会随之更改。

员工档案数据支持分部门管理。各分公司或部门可以独立管理本部人员,查询与更改本部门人员信息。员工档案存储的原始数据与变化数据,便于管理层进行人事分析与决策。

2. 组织管理

(1) 直线型组织结构

图3-1 直线型组织结构

直线型组织结构是最古老的组织结构形式。所谓的"直线"是指在这种组织结构下,职权直接从高层开始向下"流动"(传递、分解),经过若干个管理层次达到组织最低层。其特点是:组织中每一位主管人员对其直接下属拥有直接职权;组织中的每一个人只对他的直接上级负责或报告工作;主管人员在其管辖范围内,拥有绝对的职权或完全职权。

(2) 职能型组织结构

职能型组织结构是按职能来组织部门分工,即从企业高层到基层,均把承担相同职能的管理业务及其人员组合在一起,设置相应的管理部门和管理职务。

其特点是:通过职务专门化,制定非常正规的制度和规则;以职能部门划分工作任

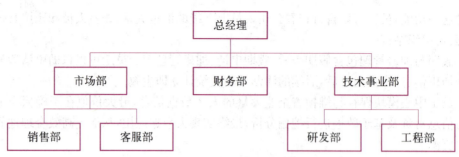

图 3-2　职能型组织结构

务，实行集权式决策，控制跨度狭窄；通过指挥链进行经营决策，来维持日常的组织。

(3) 矩阵型组织结构

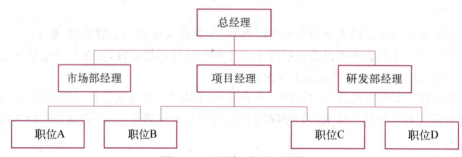

图 3-3　矩阵型组织结构

矩阵型组织结构将按职能划分的部门和按产品、服务、项目划分的小组结合起来，组织中的成员既要接受所属垂直职能部门的领导，在工作过程中又要接受所属横向产品、服务、项目小组负责人的指挥。

其特点是矩阵结构中的员工有两个上司，特定项目与职能部门相交织，突破了统一指挥的框框，创造了双重指挥链。

(4) 事业部型组织结构

图 3-4　事业部型组织结构

事业部型组织结构是指以某个产品、地区或顾客为依据，将相关的研究开发、采购、生产、销售等部门结合成一个相对独立单位的组织结构形式。

其特点是：在总公司领导下设立多个事业部，各事业部有各自独立的产品或市场，在经营管理上有很强的自主性,实行独立核算,是一种分权式管理结构。

表 3-1　四种组织结构优缺点比较与适用场景

	优　点	缺　点	适 用 场 景
直线型	1. 权力集中,职权和职责分明 2. 信息沟通简捷方便	1. 缺乏专业化分工 2. 各级行政主管需要通晓各个领域的知识和技能	技术、产品单一、规模较小的组织
职能型	1. 专业化分工,工作效率高 2. 节约成本,对中低层的管理人员要求较低	1. 多头领导不利于统一指挥 2. 不利于各部门间横向交流 3. 责任不明确	单一产品或少数几类产品,市场稳定的组织,如高等院校
矩阵型	1. 节约成本,充分利用了企业人力资源 2. 职责权利对等,双重或多重汇报机制	1. 存在资源冲突问题,协调的难度大 2. 双头领导,既难处也难管	1. 需要集中各方面专业人员完成的工作项目 2. 适用于外部环境复杂、不确定性高的企业
事业部型	1. 强调对结果的高度责任感 2. 使总部高管摆脱日常行政事务的负担 3. 培养高层经理人员的有效手段	1. 各事业部之间沟通协作差 2. 资源重复配置,管理费用较高	规模较大,且经营领域分散的组织

(5) SF 系统中的组织管理功能

SF 系统中内含公司信息、部门信息、工作地点、编制等信息,可实现多维度组织架构、员工汇报关系、职位汇报关系图的导出及应用,批量处理公司信息、部门信息、岗位信息、职位信息等。

在部门管理方面,用户可以对部门进行设立和撤销操作,建立无限层级的树形部门结构;回顾部门结构的历史记录,可以即时查看组织机构图。

在职务及岗位管理方面,用户可以对职务和岗位进行设计和撤销;对岗位编制进行管理;为职务及岗位建立说明书;实时统计各部门及岗位编制人数;可以随时了解企业编制情况。

3. 自助服务

(1) 经理自助

在授权范围内查询管辖人员的信息,审批代办等;总览团队成员信息,查看汇报关系等;通过报表导出团队成员基本信息,以及查询图形类报表。

(2) 员工自助

自助查询或修改个人信息,发起信息自助修改流程;查询个人月度薪酬、月度考勤结构等信息;自助申请各种证明打印等。

4. 假期

介绍三个主要假期：法定节假日、年假与事假（见表3-2）。

表3-2 主要假期

	定　义	假　期　规　则
法定节假日	法定节假日是指根据各国、各民族的风俗习惯或纪念要求，由国家法律统一规定的用以进行庆祝及度假的休息时间	元旦放假1天，春节放假3天，清明节放假1天，劳动节放假1天，端午节放假1天，国庆节放假3天，中秋节放假1天
年休假	年休假指职工享有的一年一次的假期，机关、团体、企业、事业单位、民办非企业单位、有雇工的个体工商户等单位的职工，凡连续工作1年以上的，均可享受带薪年休假	《职工带薪年休假条例》明确，职工累计工作已满1年不满10年的，年休假为5天；已满10年不满20年的，年休假为10天；已满20年的，年休假为15天。国家法定休假日、休息日不计入年休假假期
事假	员工因个人或家庭原因需要请假的可以请事假，事假为无薪假，事假以天或小时为计算单位	1. 按照事假当月计薪日计算日工资。即当月工资/当月计薪日 2. 按照全年月平均计薪日计算日工资，即当月工资/21.75天

SF系统可以根据当地的日历，灵活安排企业运作时间以及劳动力作息时间表；对员工加班、作业轮班、员工假期，以及员工作业顶替等做出一套周密的安排；运用远端考勤系统，将员工的实际出勤情况记录到主系统中；将与员工薪资、奖金有关的时间数据在薪资系统和成本核算中做进一步处理。

5. 人事报表

系统内置丰富的人事报表、图表，包括人员构成情况分类统计表、员工花名册、各部门职务统计表、员工入职离职统计表、各部门员工生日报表、各部门及岗位编制人数统计表。用户可自定义二维统计报表，也可使用系统报表平台，自行设计个性化的人事报表。

SF系统针对人力信息进行有效收集及分析，形成人事报表。管理者可以从中找到规律，发现异常，进行决策，对整个人力资源进行规划。人事报表有助于了解员工需求，对员工的生命周期进行分析，在满足员工需求的同时发展企业。

第二节　员工中心模块应用

一、系统入门

任务：登录与退出SF系统，熟悉主页各功能模块，更改密码、语言和代理等选项设置。

1. 登录与退出 SF 系统

在浏览器种输入购买的 SuccessFactors 服务的网址即可访问系统,如图 3-5 所示。输入公司的标识符(购买服务后公司会获得唯一的标识符)进入登录界面,如图 3-6 所示。输入用户名和密码即可进入系统界面,点击系统界面的右上角用户区域旁的小三角,即可出现一个菜单栏,如图 3-7 所示。点击**注销**即可退出系统。

图 3-5　公司标识符输入

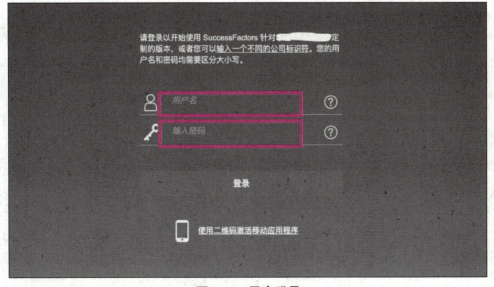

图 3-6　用户登录

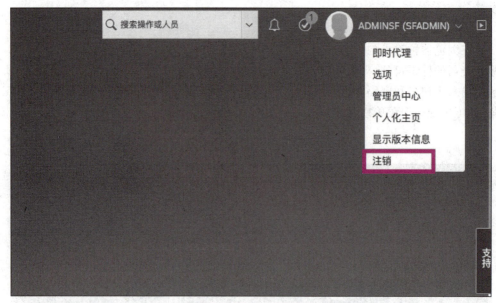

图 3-7　用户注销

2. 主页功能

进入主页后,对不同的用户会显示不同的界面,界面所包含的模块也会有所不同,一般有**待办事项**、**新闻**、**我的团队**、**我的信息**等模块,如图 3-8、图 3-9 所示。在**待办事项**模块可以处理自己需要完成的事务,如更新自己的状态、进行审批等。在**新闻**模块可以显示公司或团队发布的最新新闻。在**我的团队**模块可以查看团队信息并执行一些团队的任务。在**我的信息**模块可以查看自己的休假信息、职业发展以及日程时间安排等信息。

图 3-8　用户界面:待办事项和新闻

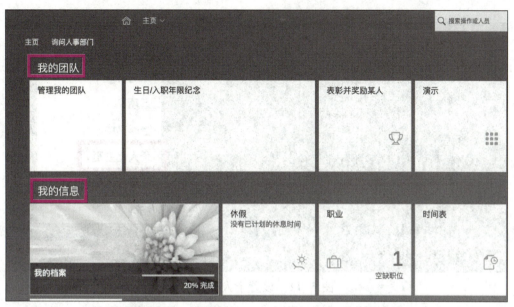

图 3-9　用户界面：我的团队和我的信息

点击**主页**旁边的小三角会弹出系统的主菜单，如图 3-10 所示。菜单中有人力资源管理的**招聘**、**绩效**、**薪酬**等选项，可以进行相应的人力资源管理操作。

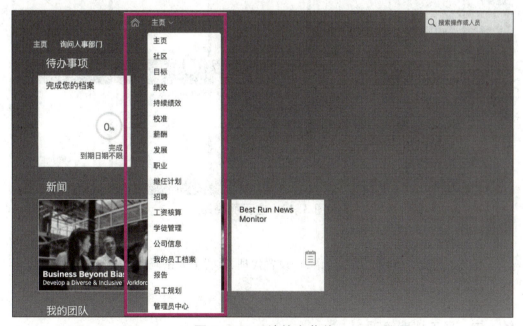

图 3-10　系统的主菜单

此外，也可以点击**个人化主页**来设置个性化主页，如图 3-11 所示。进入界面后，可以设置想在主页显示的磁贴选项，如图 3-12 所示。

图 3-11　设置个人化主页

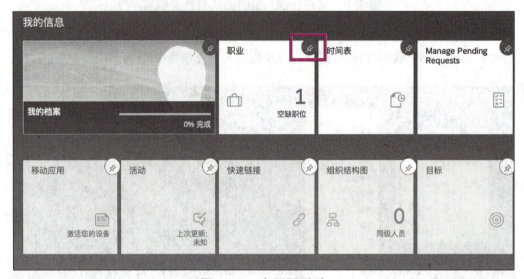

图 3-12　主页面磁贴

3. 选项设置

可以在**选项**中进行更改系统语言、设置代理、重置个人密码(指用户本人的密码)等操作,如图 3-13、图 3-14 所示。

二、员工档案管理

任务:查看或修改个人信息,部分信息的修改需要经过审批流程,审批通过后会正式生效;查看同事的公开信息;以团队经理身份查看团队成员信息并更改职位信息,经

图 3-13　设置选项

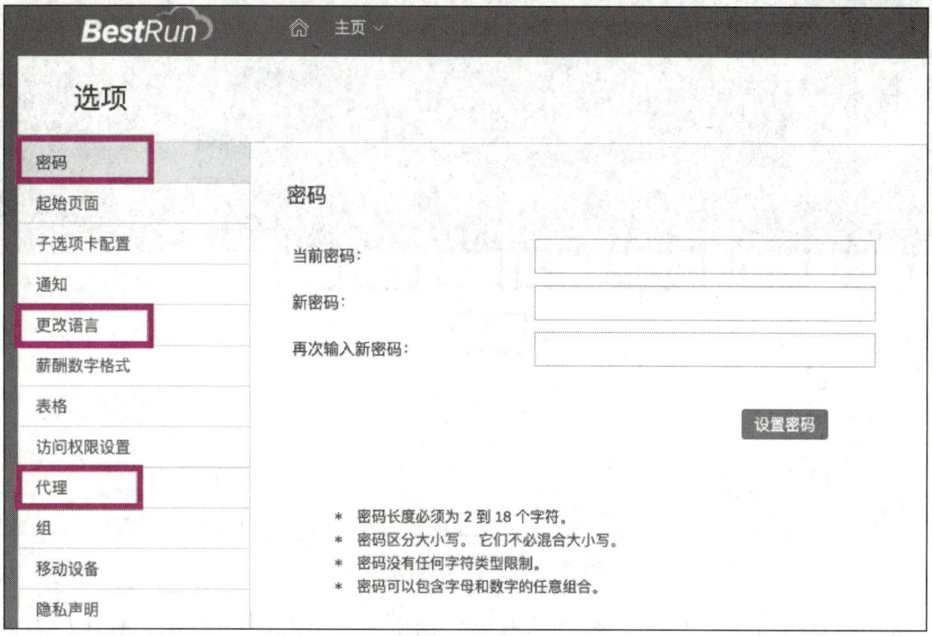

图 3-14　选项内容设置

过审批流程后,调整后的职位将正式生效。

1. 个人信息管理(操作人员:员工)

点击**主页**菜单下的**我的员工档案**,进入员工档案页面,如图 3-15 所示。员工档案页面包含了**个人信息**、**雇佣信息**、**工资单信息**、**时间**、**福利**、**简档**等,员工本人可以修改某些字段信息,所有的修改历史记录都会保存并可以查阅,如图 3-16 所示。

人力资源管理数字化运营

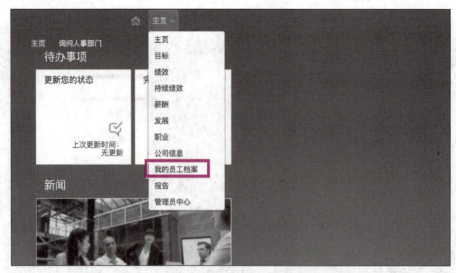

图 3-15　我的员工档案选项

图 3-16　员工档案界面

有些信息可以由本人直接修改,修改后立即生效,如图 3-17 所示。有些信息的修改比如**工作城市**信息则需要审批之后才能生效,如图 3-18 所示。

2. 查看同事信息(操作人员:员工)

在**查询框**输入其他成员的信息可自动关联显示符合条件的成员,如图 3-19 所示。选择你想要查看的成员,会在小窗口显示该成员的简单信息。如果想了解更多信息,可以点击进入该成员的档案,如图 3-20 所示。该页面不会显示该员工的所有信息,只显示可以向其他同事公开的信息。

第三章 员工中心

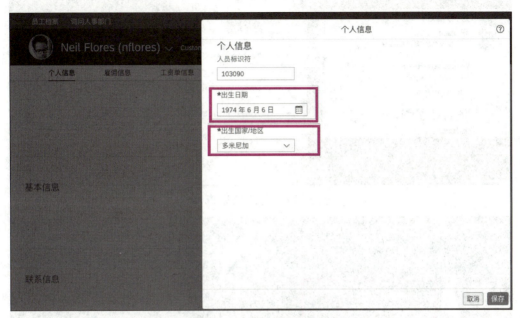

图 3-17 员工信息修改

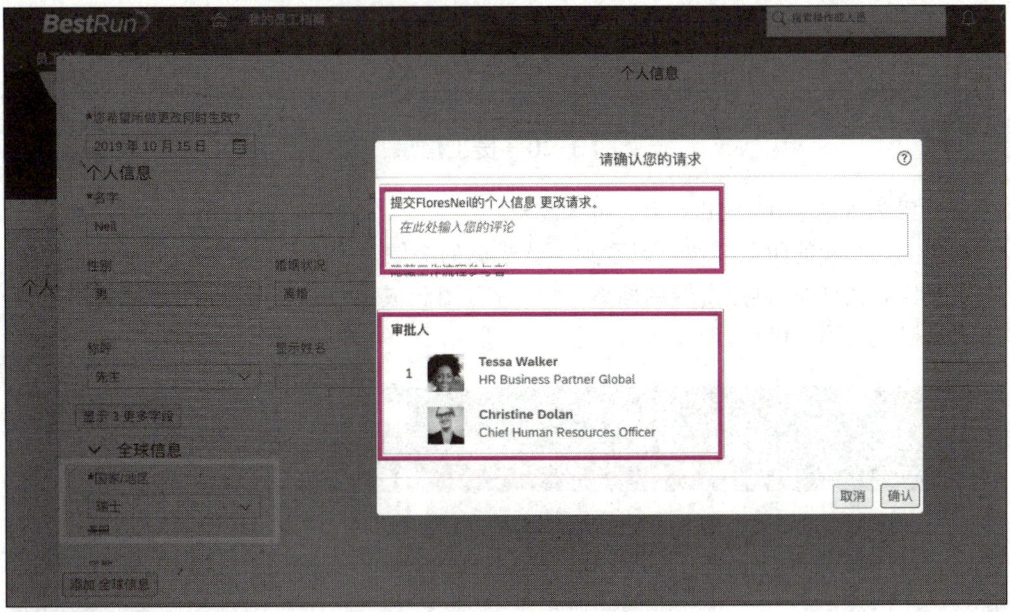

图 3-18 员工信息修改审批

图 3-19　员工信息查询

图 3-20　员工信息

3. 团队信息管理（操作人员：团队经理）

在主页的**我的团队**模块可以看到团队成员的头像和总人数，如图 3-21 所示。点击进入团队信息页面，再点击**转到档案**，可以查看团队成员信息；经理也可以点击**执行操作**执行相关的团队操作，如图 3-22、图 3-23 所示。

图 3-21　管理我的团队选项

第三章 员工中心

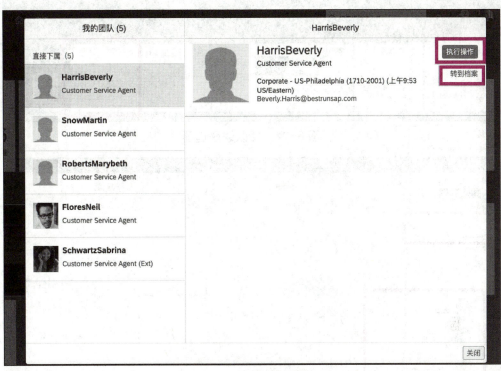

图 3-22 团队管理

图 3-23 团队管理选项

此外，经理可以点击主页的**团队缺勤**，了解团队的缺勤情况，如图 3-24、图 3-25 所示。经理也可以点击主页面的**团队摘要**查看团队个人业绩等相关信息，如图 3-26 所示。

图 3-24　团队缺勤选项

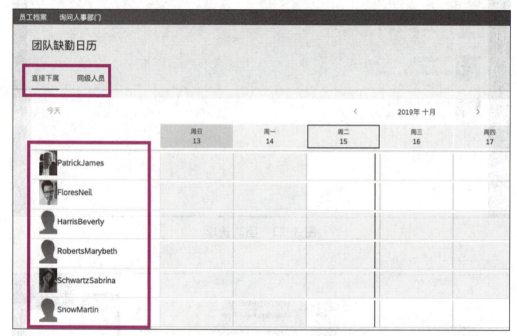

图 3-25　团队缺勤详细信息

图 3-26　团队成员摘要信息

4. 添加新员工信息（操作人员：HR）

HR 需要在新员工入职时添加信息。点击**主页**菜单下的**管理员中心**，进入管理员界面，如图 3-27 所示。点击**更新用户信息**下的**添加新的员工**，填写相关数据后即可建立新员工档案，如图 3-28、图 3-29 所示。此外，HR 根据相关的权限也可以修改员工的相关信息，有些信息的修改同个人修改信息一样需要审批。

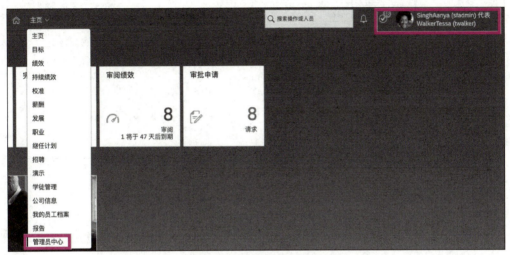

图 3-27　管理员中心选项

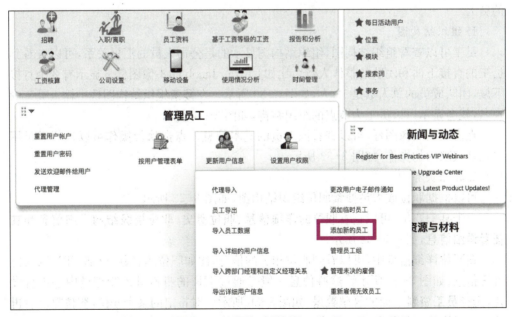

图 3-28　添加新的员工选项

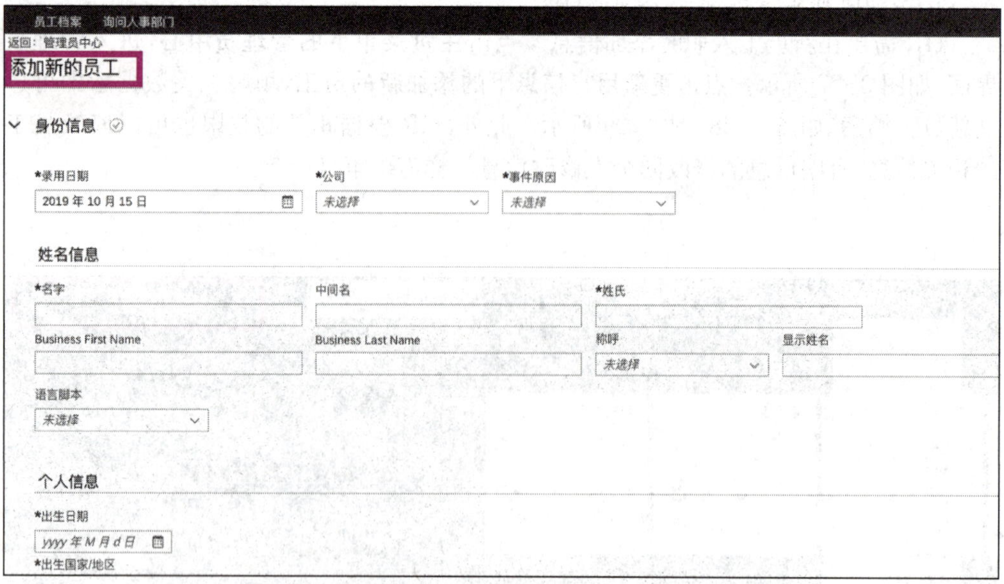

图 3-29 添加新的员工页面

三、组织结构与职位

任务：查看公司的组织结构图、职位与职位的汇报关系与公司结构；以"首席人力资源官"职位作为搜索条件，搜索出以该职位为节点的职位结构图，并查询该职位与在任者详细信息；查看销售业务单元的层级、人员等详细信息；以"北京"为搜索条件搜索北京地区的员工。

1. 组织结构图

员工可以查看组织结构图，组织结构图显示的是公司人员的汇报关系，可以查看到员工的直接下属和团队的整体人数。比如 Curran Jacob 的头像图标下显示有 3 个直接下属，团队成员的总人数是 12 人，如图 3-30 所示。在**搜索组织结构图**框中输入员工的姓名，就会显示以该员工为节点的组织结构，如图 3-31 所示。

点击人员头像图标，可以查看该人员的基本信息。点击**执行操作**可以执行登录用户在其权限内的操作，如图 3-32 所示。

2. 汇报关系图

可以根据职位或人员搜索职位组织结构图，如图 3-33 所示。

点击某一职位，可以查看**职位的详细信息、职位历史、职位层级结构详细信息**和**在任者详细信息**，如图 3-34 所示。

在职位详细信息中，可以看到职位相关的信息，比如职位的名称、分部、部门以及位置等信息，如图 3-35 所示。这些信息一般是通过 HR 的身份进入管理员中心进行设置，选择**员工资料**下面的**管理数据**，如图 3-36 所示。对特定的某个职位，职位显示后再选择**执行操作**下的**修正**，可以对职位的信息进行修正，如图 3-37 所示。

图 3-30　组织结构图

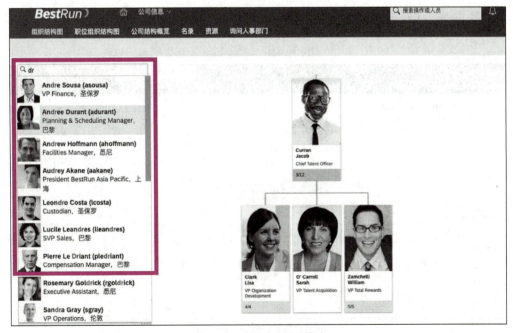

图 3-31　搜索组织节点

037

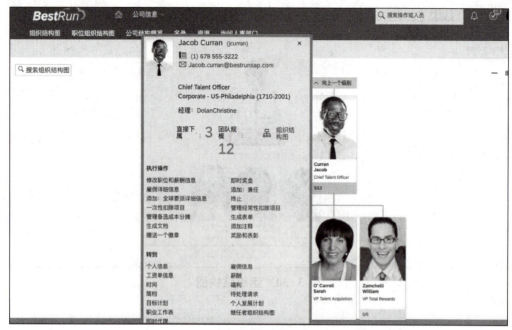

图 3-32 成员信息操作页

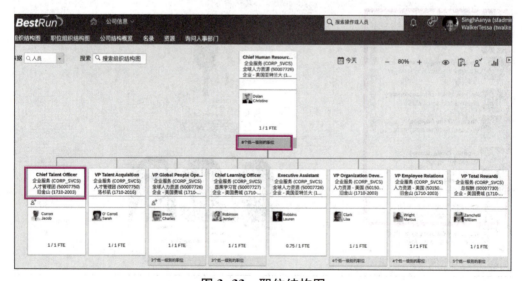

图 3-33 职位结构图

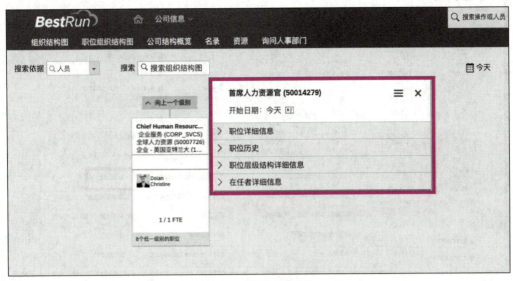

图 3-34　职位信息

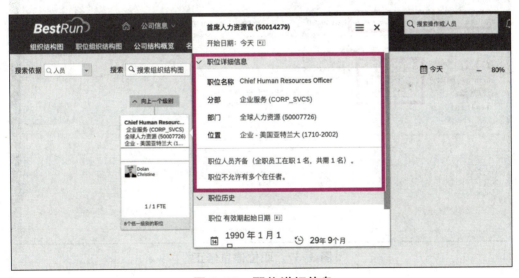

图 3-35　职位详细信息

图 3-36　管理职位信息选项

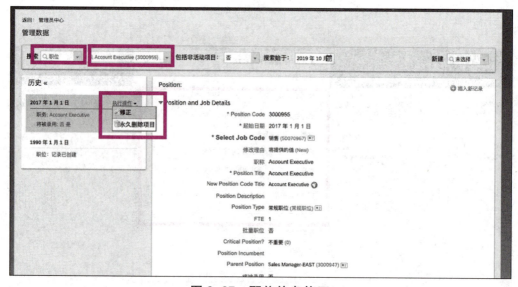

图 3-37　职位信息修正

3. 公司结构概览

可以通过搜索显示业务单元、部门等的组织结构，如图 3-38 所示。在组织结构中也可以显示该业务单元的详细信息，如图 3-39 所示。

4. 名录

可以按各类条件对人员进行搜索，如图 3-40 所示。比如以地址"北京"为搜索条件进行搜索，可以得到如图 3-41 所示的结果。

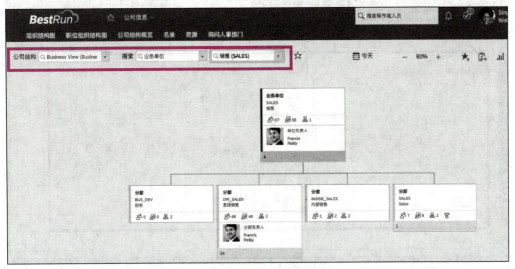

图 3-38 业务单元结构

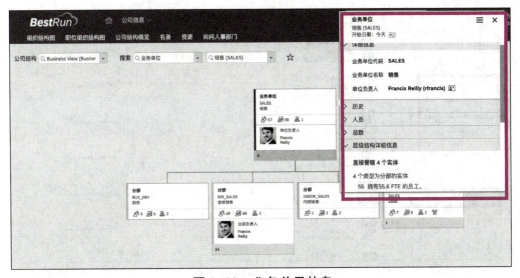

图 3-39 业务单元信息

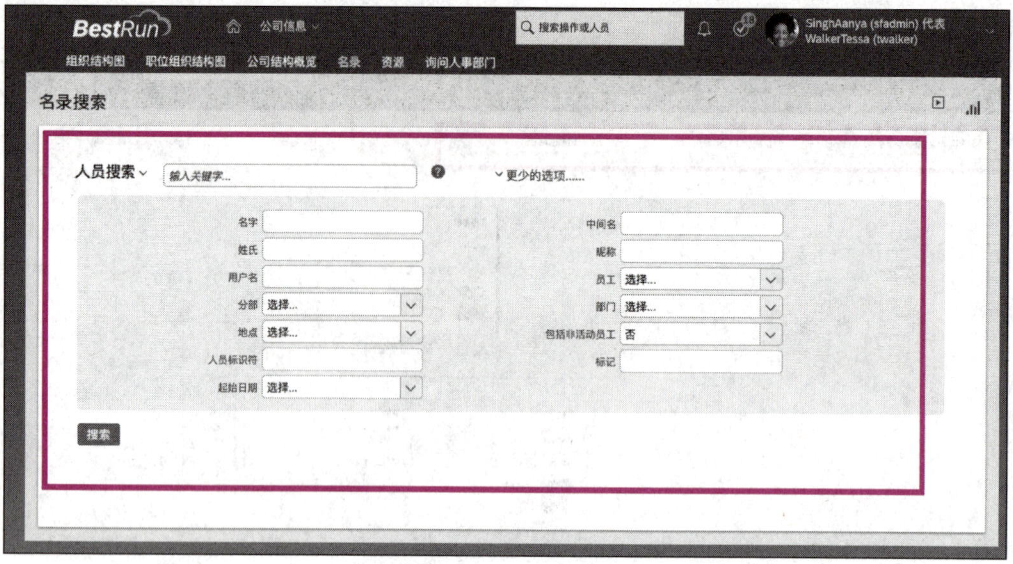

人力资源管理数字化运营

图 3-40 人员搜索

图 3-41 人员搜索结果

四、假期与加班管理

任务：查看假期剩余天数，并申请三天的休假，待审批通过后，休假立刻生效；提交加班信息，直接主管审批通过后，后续的津贴及相关的统计立即生效。

1. 假期查看

员工进入主页后,在**我的信息**模块中可以查看假期剩余天数,如图 3-42 所示。

图 3-42　假期信息选项

点击休假图标,即可进入休假页面,如图 3-43 所示。此页面显示各种休假信息。点击**新的缺勤**可进入假期申请页面。

图 3-43　假期信息

2. 假期申请

进入假期申请页面后,填写**时间类型**、**起始日期**、**结束日期**等信息,如图 3-44 所示。在填写相关信息时,还可以在此界面看到**可用剩余假期**以及**团队成员缺勤**情况。点击**提交**即可提交假期申请。

图 3-44 假期申请

申请提交后，会显示**即将到来的休假**，并显示该假期的状态为**待批**，如图 3-45 所示。点击**待批**可以查看缺勤详细信息，如图 3-46 所示。

图 3-45 假期待审批信息

管理员登录到系统，点击**审批申请**磁贴，即可进入审批界面，点击**审批**即可对该请假申请进行审批，如图 3-47 所示。

图 3-46 假期审批人信息

图 3-47 假期审批

员工重新登录到系统,再次进入休假页面,则可看到已经批准的休假的信息,如图 3-48 所示。

3. 加班管理

以员工身份登录到系统,点击**时间**磁贴,进入时间管理页面,选择特定的日期通过点击方框则可设置当天加班时间。点击详细信息后,可以设置加班的一些其他信息,如图 3-49 所示。

提交加班信息后,需要直接主管的审批,如图 3-50 所示。审批通过后,后续的津贴及相关的统计即生效,如图 3-51 所示。

图 3-48 假期审批结果

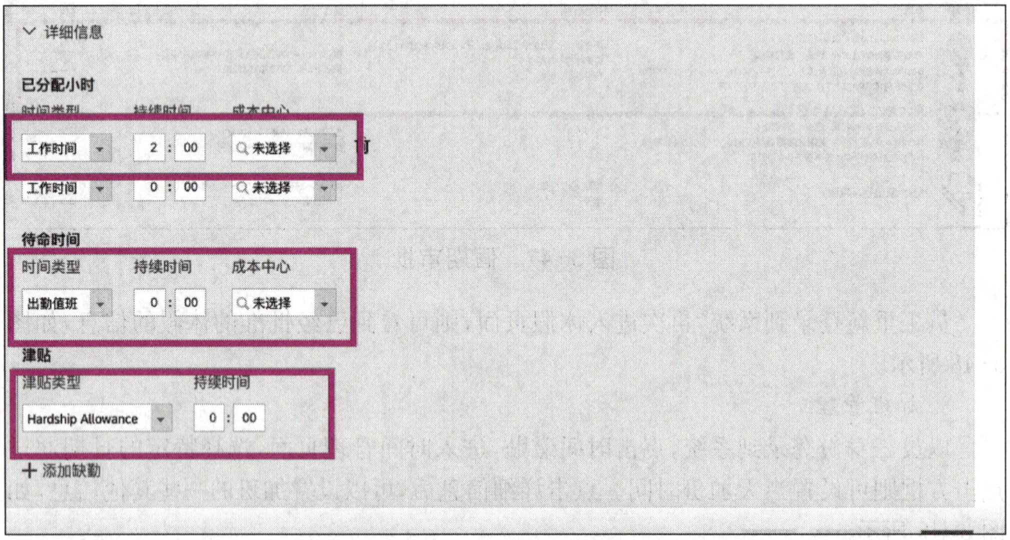

图 3-49 设置加班时间

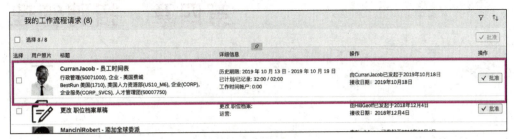

图 3-50 加班审批

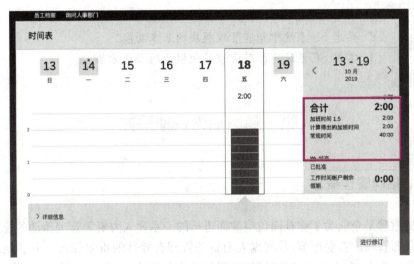

图 3-51 加班审批生效

第四章 招聘管理

> **学习目标**
> 1. 理解招聘管理的概念和流程。
> 2. 熟悉 SF 系统中招聘管理模块的基本功能。
> 3. 掌握 SF 系统中招聘管理管理模块的操作方法。

第一节 招聘管理概述

一、招聘管理概念

人员招聘是企业为了弥补岗位空缺而进行的一系列人力资源管理活动的总称。它是人力资源管理的首要环节,是实现人力资源管理有效性的重要保证。人员招聘主要是依据职位要求、个人能力素质进行,通过制定职位需求计划、初步筛选、安排面试、录用审批等环节为企业寻找最佳候选人。

二、招聘管理内容

1. 招聘流程

招聘流程一般分为制定招聘计划、发布招聘信息、员工甄选、员工录用等环节,最终为企业招到最佳候选人。

(1) 制定招聘计划

用人部门根据部门的发展要求,根据人力资源规划的人力资源需求与工作说明书的具体要求,对招聘的岗位、人员数量、时间限制等因素作出详细的计划。

(2) 发布招聘信息

首先需要确定招聘渠道。招聘渠道分为内部招聘与外部招聘。内部招聘的主要方法有人才储备库、工作职位公告、内部选拔与继任计划等;外部招聘的主要方法有校园招聘、员工举荐、中介机构等方式。企业可以根据岗位的特征与招聘渠道的优劣分析选择最佳的招聘渠道。

（3）员工甄选

通过筛选简历、面试、笔试、心理测验等人才测评方式，全面评估应聘者的能力与综合素质，区分求职者的知识结构、技能水平、能力特征与个性情况，预测他们未来的工作表现，最终选择最具资格的人才加入组织。其中面试是应用最广泛的方式，包括制定面试流程、准备面试问题、面试通知与面试评价等环节，可以帮助企业有效甄选人才。

（4）员工录用

科学选拔人才，对岗位与所招聘的人选相互之间进行权衡，实现"人岗匹配""人与组织匹配"。包括进行背景调查、人才录用决策、通知面试者与签订劳动合同等步骤。

2. 招聘简章

招聘简章是企业发布的招聘需求，包括招聘的岗位、要求、人数，面试流程与联系方式，宣传企业，吸引求职者的关注。

（1）招聘简章的内容

一份好的招聘简章，最重要的就是要写出企业需要的是何种人才，对这种人才的能力要求，另外还要写出该职位大致的工作内容以及工作量，这样能够让求职者足够清晰地了解企业的需要，并对自己是否适合参与应聘做出准确的判断。一份有效的招聘简章，应该包括以下内容。

① 企业基本情况。招聘简章首先必须传达给求职者的自然是企业的相关信息。在企业简介中，应大致描述出公司的发展趋势，全面突出企业的特点；在招聘简章中还应尽可能将企业的价值观或使命传递给求职者，尤其要体现企业对人才的态度，即用人理念。例如，"以人为本""本公司注重视员工的人品和能力"等，有助于建立良好的企业第一印象，增强企业对人才的吸引力。

② 招聘岗位信息。招聘岗位信息通常包括岗位名称、所属部门、主要工作职责、任职资格要求等。岗位名称要规范，即使用行业通用名称；岗位职责要清晰，清晰的岗位描述既方便求职者决策，也减少招聘方的不必要的麻烦，节省招聘时间和工作量；任职资格要体现该职位的特色，避免笼统化，否则难以引起求职者的兴趣。

③ 公司的薪资福利。公司能为员工提供什么水平的待遇是许多人求职者都非常关注的核心问题，假期、养老金、保险等对求职者来说极其重要，如果公司还有一些独具特色的福利政策也十分重要，如一些提高技术水平的培训或团队活动。因此，对于每个职位的薪资福利待遇，企业最好注明一个大概的范围，减少就职后出现问题的概率。

④ 应聘者需提供的信息。在招聘简章中应注明应聘者需准备的材料，一般包括简历、学历学位证书、资格证书、身份证复印件、照片等。

⑤ 应聘方式和联系方式。应聘方式大多采用将简历和应聘材料通过信件、电子邮件、传真等方式发送到公司，因此需要提供公司的通信地址、传真号码或者电子邮件地址，一般情况下不必提供电话号码。另外，还应该提供应聘的时间范围或截止日期。

总之，一份好的招聘简章，在追求专业性描述的基础上，要力求简洁明确，主要目标是吸引更多更合适的目标人群，减少招聘成本，减少求职者的决定时间，在最短的时间内找到最合适的人才。

（2）招聘简章的注意事项

对求职者来讲，招聘简章就是他对企业的第一印象，所以在编写招聘简章时一定要慎重，要注意以下事项。

① 信息客观真实。企业必须保证招聘简章的内容客观、真实，要将薪酬福利、晋升机会、挑战、责任等如实列出，这样能使员工对工作有真实的认识，减少离职情况。

② 歧视问题。招聘简章需要避免出现歧视性的内容，比如对性别、年龄、身高、地域、宗教信仰等进行歧视性的限制，以免给企业带来不必要的法律纠纷。

③ 语言措辞。招聘简章中的文字要简洁、清晰易读，用词必须小心谨慎。

④ 合法性。招聘简章中出现的信息要符合国家和地方的法律、法规和政策。

报喜鸟集团 2015 年校园招聘

报喜鸟集团有限公司组建于 1996 年，是一家以服装为主业，涉足地产和投资领域的综合性现代化企业集团。集团下属一家服饰上市公司、两家地产开发公司和两家创业投资公司，拥有 4 个自主服饰品牌、3 个国际代理品牌、3 个服装生产基地及 2 000 多家销售网点。目前，集团员工 10 000 多人，总资产 70 亿元，年销售收入 50 亿元，连续 17 年进入全国服装行业销售收入及利税双百强前列。

公司服装产业以弘扬民族服饰文化为己任，拥有高级商务装品牌报喜鸟（SAINT ANGELO）、高级职业装品牌 BONO、年轻时尚商务装圣捷罗（S.ANGELO）、时尚商务休闲服饰法兰诗顿（FRANSITION）。在稳健经营自有品牌、不断扩大品牌规模的基础上，公司积极寻求海外合作，成功代理意大利经典男装东博利尼（TOMBOLINI）、衬衫品牌恺米切（CAMICISSIMA）及韩国哈吉斯（HAZZYS）等国际知名服饰品牌。

集团核心子公司浙江报喜鸟服饰股份有限公司于 2007 年 8 月在深交所成功上市，成为温州地区第一家国内上市的鞋服企业。主打品牌报喜鸟在全国建立了由 1 000 多家形象统一、价格统一、服务统一、管理统一的特许加盟店组成的销售网络，先后获得中国驰名商标、中国服装品牌成就大奖、中国服装品牌价值大奖、中国服装品牌品质大奖、中国青年最喜爱的服装品牌等殊荣。

在做强服装主业的同时，公司大力实施"跨行业"发展战略，稳步进军房地产和投资领域，控股中楠房地产有限公司，成立浙江新中楠投资有限公司、容银投资有限公司及银沙投资有限公司。中楠房地产有限公司将高档住宅作为房地产的主导开发方向，先后在温州、苏州、嘉兴、仙居等地开发了"中楠·国际广场""中楠·锦绣嘉园""中楠·财富广场"等大型高档楼盘；容银投资有限公司主要从事股权投资业务，目前已成功进入数十个 PE 项目；银沙投资业务涉及阳光私募、专户理财，目前已成功发行多期信托产品。

【招聘岗位】

市场管理培训生 100 人；设计助理 10 人；平面设计 10 名；形象搭配助理 10 人；

英语/韩语翻译10人;软件开发5人;行政助理20名;文秘2名;商务客服2名;量体培训生20名。

【培养方向】

高级店铺管理、零售扶持管理、区域运营管理、企业体系管理、人力资源管理、软件开发、商品计划、陈列培训师、服装色彩搭配师、终端培训师、买手、服装设计师等。

【应聘人员要求】

1. 大学专科、本科、研究生学历的应届毕业生。

2. 市场营销、服装设计与工程、视觉传达、旅游管理、涉外文秘、空乘服务、国际贸易、电子商务物流管理、统计学、工商管理、企业管理、行政管理、汉语言文学、英语、韩语、法学、社会管理、经济学、软件开发、财务管理等专业,及其他专业有潜力的应届毕业生。

3. 只要您关注时尚潮流,热爱服装行业,并且主动创新,勤奋好学,愿与报喜鸟一同成长,就欢迎您加入报喜鸟这个大家庭!

【福利政策】

1. 房补:所有户籍在温州地区之外员工可享受100～550元不等的租房补贴以及20～160度不等的电费补贴。

2. 宿舍:公司为员工提供带有空调的宿舍,并优先为车工夫妻安排夫妻房。

3. 交通补贴:户籍在温州地区的员工转正后,每月每人补助一定的交通补贴。

4. 路费报销:工作满一年的员工,每年报销一次回家的路费,员工本人当年未回去者,其亲属可享受一次探亲路费报销。

5. 旅游:公司为每位员工免费提供旅游的机会。

6. 体检:公司为每位员工免费提供体检。

7. 社会保险:公司为员工提供养老保险、工伤保险等。

8. 春节假:每年春节公司给员工15天左右的春节假,放假期间按公司标准发放工资。

9. 餐饮:公司给每位员工提供一定的餐饮补贴,伙食标准为3餐/天,2荤1素/餐。

10. 节假日福利:每年端午节、中秋节、妇女节公司都会发放相应的节日礼物。

11. 其他:所有车间装有中央空调,配备药箱,备不时之需。

【联系方式】

总部电话:0577-67317890　0577-67982925

联系人:胡女士、谢女士

E-mail:hr@baoxiniao.com

公司网址:http://www.baoxiniao.com

只要您热衷于关注时尚潮流,热爱服装行业,并且主动创新,勤奋好学,愿与报喜鸟一同成长,我们欢迎您加入报喜鸟这个大家庭!

资料来源:http://www.yingjiesheng.com/job-002-030-175.html.

3. 招聘渠道

一旦组织决定增加或者重新配置员工，就面临着如何找到足够数量的合适申请者的决策。为了吸引潜在申请者，组织需要采取一定的方法和手段将招聘信息传递给内部或者外部的工作候选人。

一般而言，企业获取申请者的渠道有两个：内部招聘和外部招聘。大多数组织不得不同时使用内部渠道和外部渠道以获得足够数量的申请者。

两种招聘渠道各有其优缺点，如表 4-1、表 4-2 所示。企业可根据自身需要选择合适的招聘渠道和方法。

表 4-1　内外招聘优劣势比较

内 部 招 聘	外 部 招 聘
优点 1. 组织对候选人的能力有清晰的认识 2. 候选人了解工作要求和组织 3. 奖励高绩效有利于鼓舞员工士气 4. 组织仅需要在基本水平上雇用员工 5. 成本更低	优点 1. 候选人蓄水池更大 2. 会把新的技能和想法带入组织 3. 成本比培训内部员工低 4. 降低徇私的可能性 5. 激励老员工保持竞争力、发展技能
缺点 1. 会导致"近亲繁殖" 2. 会导致为了提升的"政治性行为" 3. 需要有效的培训和评估系统 4. 可能会因操作不公或心理因素导致内部矛盾	缺点 1. 增加与招募、甄选相关的难度 2. 需要更长的培训和适应阶段 3. 内部员工可能感到自己被忽视 4. 新的候选人可能并不适合企业文化 5. 增加搜寻成本

表 4-2　外部招聘方式优劣比较

	优　点	缺　点
网络招聘	1. 传播范围广 2. 信息量大 3. 方便快捷	1. 筛选困难 2. 不能控制应聘人员的数量和质量 3. 不能进行面对面的交流
广告招聘	1. 成本较低，容量大 2. 吸引更多的求职者 3. 可以树立企业形象	1. 不能控制招聘人员数量和质量 2. 不能进行面对面的交流
人才招聘会	1. 可以在短时间内收集较多求职者的信息 2. 招聘成本低	很难招到高级人才
校园招聘	1. 能够找到足够数量的高素质人才 2. 新毕业的学生可塑性强，学习愿望和学习能力一般也较强 3. 成本随招聘人数的上升而下降	1. 应聘者缺少实际工作经验，培训成本较高 2. 人员流动性可能较大
职业中介和猎头公司	1. 可以招聘到高级人才 2. 招聘到的人员素质有保障 3. 目标准确，服务专业	成本高

(续表)

	优　点	缺　点
员工举荐	1. 招聘成本小 2. 应聘人员素质高、可靠性高 3. 招聘专业人才和中高层管理人员比较有效	1. 招聘面窄，往往招不到很优秀的人才 2. 易结帮成派，录用后难以辞退

4. 面试

（1）面试类型

① 结构化面试：根据特定职位的胜任特征要求，遵循固定的程序，采用专门的题库、评价标准和评价方法，通过考官小组与应考者面对面的言语交流等方式，评价应考者是否符合招聘岗位要求的人才测评方法。结构化面试具有如下特征：根据工作分析的结构设计面试问题，问题的内容及其顺序都是事先确定的；依照预先确定的题目、程序和评分标准进行面试，要求做到程序的结构化、题目的结构化和评分标准的结构化；采用系统化的评分程序。另外，结构化面试一般实行限时，评价按要素打分。结构化面试的内容、形式、程序、评分标准及结果的合成与分析等构成要素，有统一制定的标准和要求。

② 半结构化面试：介于非结构化面试和结构化面试之间的一种形式。在结构化面试的基础上，主考官、其他考官会就应试者答题中涉及的有关问题或有疑问的问题进一步追问，提问问题的数量由面试总时间决定。半结构化面试综合了结构化面试和非结构化面试的优点，对面试的部分因素有统一要求，但面试题目可以根据应试者的不同而灵活变化，更好地找到最适合的人，实现"人—岗位—组织"匹配。

③ 无领导小组讨论：由一组应试者组成一个临时工作小组，讨论给定的问题，并做出决策。这个小组不指定谁是负责人，让受测者自行安排组织。评价者观测考生的组织协调能力、口头表达能力、辩论和说服能力等各方面的能力是否达到拟任岗位的要求，以及自信程度、进取心、情绪稳定性、反应灵活性等个性特点是否符合拟任岗位的团体气氛，由此来综合评价考生。

④ 情景面试：又叫情景模拟面试或情景性面试等，是目前最流行的面试方法之一。在情景性面试中，面试题目主要是一些情景性的问题，即给定一个情景，看应聘者在特定的情景中是如何反应的。而在经验性面试中，主要是问一些与应聘者过去工作经验有关的问题。情景模拟面试的理论依据是动机理论中的目标设置理论。

⑤ 问卷面试：运用问卷形式，将所要考查的问题列举出来，由主考官根据应聘者面试中的行为表现进行评定，并使其量化。它是面试中常用的一种方法，它的优点在于把定性考评与定量考评相结合，具有可操作性和准确性，避免了主观评价的缺陷与不足。

（2）面试策略

聘用不合适的人员进入空缺岗位，会严重浪费企业的招聘成本，后续将给企业带来难以预估的损失。因此，研究和应用面试策略，确保面试的有效性，选取合适的人员显得尤为重要。

面试准备工作主要有三项。

① 选择和培训面试官。通过选择和培训，一名合格的面试官应满足以下几点要求。

首先，具有良好的个人修养和道德品质。在评价应聘者时，面试官要公正廉明，避免因应聘者的外表、身份背景等影响评价的客观公正性。

其次，明确用人标准，精准定位。面试官要了解岗位规范、工作说明书、应聘者的申请表或简历，掌控面试中的节奏，对应聘者提出的问题对答如流，没有知识缺口。

最后，深刻理解经营管理理念、企业文化和战略规划等。作为企业形象的代表，面试官应具有良好的表达能力，能准确地向应聘者说明企业的相关信息。若面试官有得体的言谈举止和良好的精神风貌，则会增加企业的吸引力，为企业带来良好的声誉。

② 规范面试流程。制定科学化、规范化的面试流程（如图4-1所示）可以将复杂的过程条理化，使面试官们紧紧围绕着面试目标有条不紊地进行。这在很大程度上降低了面试官主观因素的干扰，有助于提高面试的效率和客观公正性，使企业招聘到真正合适的人才。

图4-1 面试流程图

③ 设计科学合理的面试评价指标和面试问题。依据工作说明书编制符合招聘要求的评价指标，然后形成一份面试评价量表。面试过程中面试官所接收和感知的信息比较多，面试官统一以此为依据评价应聘者会在很大程度上避免主观臆断。提前设计合理的问题也有利于面试官对应聘者的回答进行分析，避免面试官在提问时跑偏，提高面试效率，控制面试进程。

在面试评价量表和面试问题的双重指导下，面试官可以减少主观偏差，客观评价应聘者的表现。

面试中还要做好提问记录工作，应注意以下三点。

① 提问中采用STAR原则。单纯地通过应聘者的简历难以准确把握求职者的理论知识、专业技能等的掌握水平和性格特征、做事风格等情况。运用STAR原则可以对求职者做出更加全面深入的判断和评价。

首先，要了解求职者工作业绩取得的背景（situation）。通过追问与工作业绩相关的背景问题，了解求职者取得优秀业绩的前提条件，判断出工作业绩与求职者个人的关系大小。

其次，要详细了解求职人员为达到工作要求，布置的工作任务（task）是什么，每一项任务对应的实际情况如何。由此可以得知求职者的工作经历和收获的经验，从而判断这些工作经历与经验是否符合招聘岗位的要求。

再次，获悉求职者采取何种行动（action）来完成这些工作任务，这些行动方案又是如何促使他达成工作目标的。通过这些可以进一步了解他的思维能力、行为方式和工作风格。

最后,关注工作的结果(result),某项工作任务在采取行动后的情况如何,导致结果产生的原因有哪些。

采用 STAR 原则提问,能使求职者的回答更加深入,发掘出更加细致的部分,为最终科学决策提供有效的参考。STAR 原则既能帮助企业全面了解应聘者,也能帮助应聘者展现自我、推销自我,是一种互惠互利的提问方式。

② 及时做好面试记录。面试过程中更多的是语言交流和心理判断,因此很可能产生主观臆断。面试记录表是应聘者面试过程中综合表现的情况记录表,面试记录表的内容将关系到面试评分的客观公正。因此,面试官在记录时要做到及时全面、真实准确。

③ 面试后做好评估工作。为了发现面试中面试官的不足,吸取经验教训为以后的面试工作做准备。面试官在面试结束后应该回顾自己的表现,填写面试官面试评价表,检测自身的面试行为、面试技巧和认知判断等。改善不恰当的行为,提高自身的面试素质。

面试结束后,需要依照面试记录表的内容对求职者做出评估。比如,通过评语式评估可以综合求职者的各个方面进行细致评估,体现出每一位求职者的特点。而评分式评估则是对每位求职者相同之处做比对,与评语式评估恰恰相反。

5. 背景调查

(1) 概念与意义

背景调查,就是以雇佣关系为前提,通过合法的调查途径及调查方法,了解候选人的个人基础信息、过往的工作背景、能力及工作表现,形成对被调查人员的综合评价。这是企业在招聘中必不可少的环节。

招聘一名新员工,企业可能会遇到的风险包括胜任力风险、法律风险、职业操守风险和成本风险。而一份完善的员工背景调查报告可以为企业节省不必要的花销、降低企业招聘及培训费用,规避用人风险。

(2) 流程

背景调查的流程如图 4-2 所示。

图 4-2 背景调查的流程

(3) 时间

背景调查的时间为企业发出录用通知后与正式上岗前的间隙,这个时候已经明确了要录用候选人,并要告知候选人会进行背景调查。这个环节必须谨慎,以确保候选人的职业声誉,因此,在企业发出正式的录用通知之后再进行背调是对候选人负责任的表现。

(4) 调查对象

并非所有的岗位都需要背景调查,是否需要做背景调查,需要根据企业需求来定。一般而言,企业三类人员需要做背景调查:关键性核心岗位,比如技术骨干、财务人员、销售人员等;中高层管理者;面试过程中有疑点的人员。

每个岗位的背景调查侧重点不同,并且越关键的岗位,其人员背景调查内容越详细。普通员工的背景调查一般是验证身份信息、学历真假等最基本信息;而中、高层管理岗位重点调查职业素养,如专业能力、管理能力、沟通技巧、过往经历等。

(5)内容

根据岗位的不同,背景调查的内容可以灵活设计,但一些通用常规的维度是一样的。

第一类是基础信息核实,包括身份信息、学历背景、不良记录、诉讼记录、隐性负债、商业利益冲突、职业资质等。

第二类是工作履历的真实性。通过前任公司人力资源部人员核实履历真实性,包含就职公司、就职时间、担任职位、劳动纠纷、竞业限制协议、离职原因、离职前的薪资情况、证明人真实性。

第三类是工作表现信息。此项最为关键,是直属上级、同事的评价信息。通过联系候选人之前的直接主管和同事,深度了解候选人的在职时间、团队架构、工作职责、能力素质、绩效考核、业绩表现、需提升与改善方面、严重失职行为、职业匹配度分析、离职原因。

调查内容要以简单、实用为原则,将调查的内容跟岗位需求进行匹配,这样不但能避免出现查非所用,用者未查的情况,也能减少工作量、降低成本、缩短时间。

6. 入职

入职流程如图4-3所示。

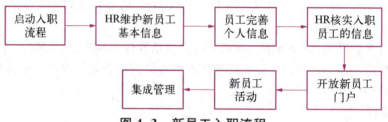

图4-3 新员工入职流程

招聘专员发起入职流程表单。HR填写基础信息,维护新员工所属组织信息并提交表单至新员工。新员工从 SF 系统发送的邮件链接进入表单填写入职资料,待招聘专员审核无误后,数据通过"用于与 Employee Central 集成的字段映射工具"集成至 EC。该流程由新员工填写入职资料,减轻了人力资源部收集新员工数据的工作量,同时更加保证了数据的准确性。

候选人完成入职资料的填写后,可进入新员工门户查看公司详细信息,如公司官网信息或入职手续办理指引等。此外,员工也能查看并完成自己的入职任务,了解公司的发展历史及规章制度等信息。员工通过入职流程提前感受企业文化,了解规章制度、入职指引,清楚相关的联系人,比如导师、部门主管等。

入职是员工进行公司体验的第一道关卡,良好的入职体验可以让员工更快融入公司。

三、SuccessFactors 招聘管理

在 SF 系统招聘管理模块中,用户可以根据企业人才需求与职位说明书制订招聘

计划，包括招聘岗位、能力素质要求、人数、薪酬与福利等。公司招聘可以和外部第三方招聘网站合作，如前程无忧、智联招聘、中华英才网等，将职位直接发布到这些网站上，实时更新招聘需求。应聘者可以在招聘网站上直接应聘，在线填写简历等信息。

招聘专员可以通过系统查看与管理应聘者的面试状态，并且向应聘者发送面试通知邮件。系统可以记录应聘者在各阶段面试、笔试中的成绩、评价，为最终的录用决定提供决策信息。

SF 系统可以进行入职管理，发送候选人入职所需资料和注意事项。候选人信息可通过导入模板导入到员工信息系统中，无须再次填写个人信息。

系统内置招聘报表，包括各部门招聘计划明细表、各部门招聘岗位应聘情况明细表、应聘人员构成情况分类统计表、招聘计划各阶段人数统计表、各岗位招聘及应聘人数统计表。

随着人力资源数字化的逐渐深入，招聘这一重要环节与数字化的结合，将大大提高企业招聘工作的效率。SF 系统中招聘管理模块可以帮助企业简化发现、筛选、聘用内部及外部应聘者并管理其入职的过程，可总结为以下三大功能。

① 寻找人才：自动向企业内部、外部及第三方招聘网站发布招聘信息，拓宽招聘渠道。

② 筛选人才：通过工作需求预筛选问题，过滤应聘者简历，面试评估管理实现对候选人的快速、准确、客观的筛选。

③ 提高招聘效率：快速制定工作需求，规范招聘流程，支持对候选人简历评估，提高企业招聘效率。

第二节 招聘管理模块应用

图 4-4 是 SF 系统中招聘模块的实施流程。

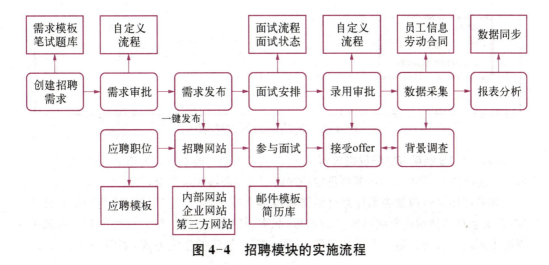

图 4-4 招聘模块的实施流程

一、职位需求创建与发布

任务：使用内置类别与角色创建需求模式，创建招聘咨询分析师岗位的需求，并在公司内部网与外部站点发布该职位需求。

1. 职位需求创建

直线经理可通过主页菜单的**招聘**进入**职位需求**页面，如图 4-5 所示。点击**新建**即可进入**创建新的职位需求**页面，如图 4-6 所示。创建新的职位需求一共有三种方式：**复制现有职位需求、通过内置类别与角色创建职位需求、利用空白模板创建新职位需求**。

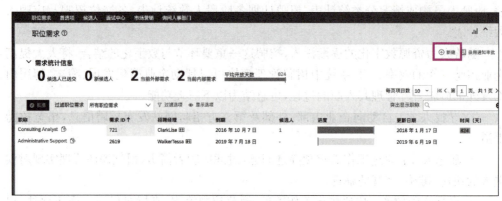

图 4-5 职位需求

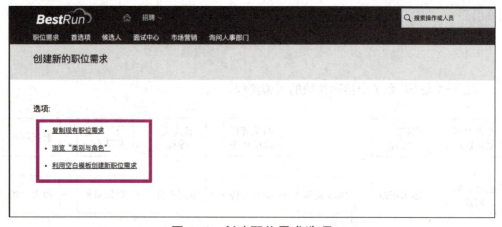

图 4-6 创建职位需求选项

如果使用**复制现有的职位需求**模式，可以通过关键字搜索符合要求的职位，如图 4-7 所示。选择特定的职位，点击**复制选定项**按钮即可复制该职位需求，如图 4-8 所示。

如果使用**通过内置类别与角色创建职位需求**模式，可以选择职位的类别和具体职位，系统会自动显示内置的该职位的名称、职责、任职资格等信息。这种创建方式较大程度上满足了公司计划内人员的招聘，是职位需求创建的主要方式，如图 4-9、图 4-10

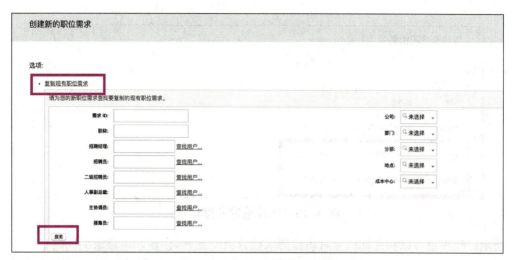

图 4-7　职位需求信息填写

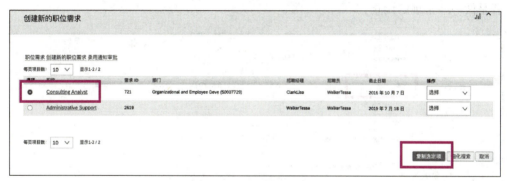

图 4-8　复制职位需求

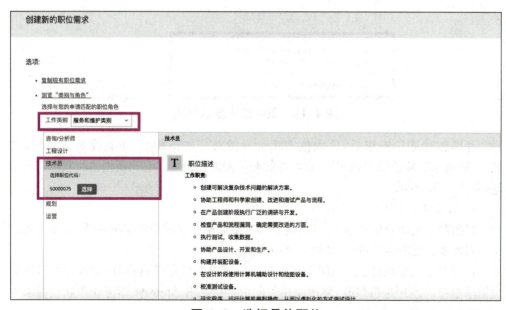

图 4-9　选择具体职位

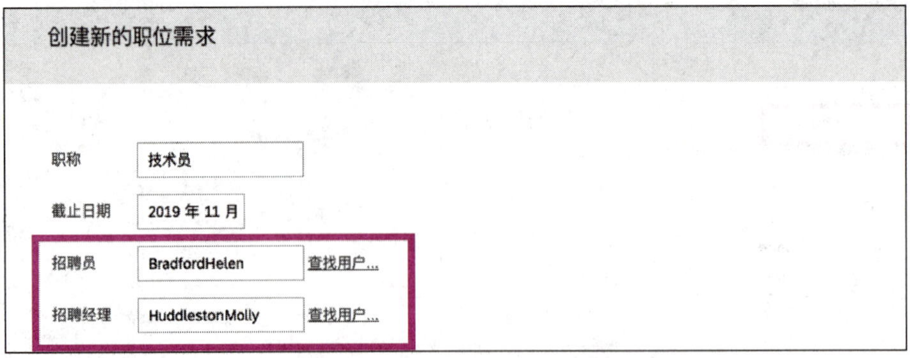

图 4-10 职位需求关键信息

所示。经理也可以在此基础上对职位需求做修改。此外，创建职位需求的同时也可以附带一些需要应聘人员回答的问题，如图 4-11 所示。这些问题可用于测评应聘人员或者是做一些常规的调查。

图 4-11 职位需求基本问题

经理创建职位需求后，该职位需求会发给对应的招聘员，由其完善并审批，如图 4-12 所示。职位需求创建后，在经理的职位需求页面可以看到新创建的职位需求信息，如图 4-13 所示。

2. 职位需求审批

以招聘专员的身份登录系统后，代办事项磁贴中会显示招聘审批提醒，点击进入后即可对该职位需求进行审批，如图 4-14 所示。

招聘专员可以在自己的权限范围内对职位需求的信息进行修改，也可以发送该职位需求给招聘经理进行修改，修改完相关的信息后点击 **Approve** 即可让该职位需求生效，如图 4-15、图 4-16 所示。

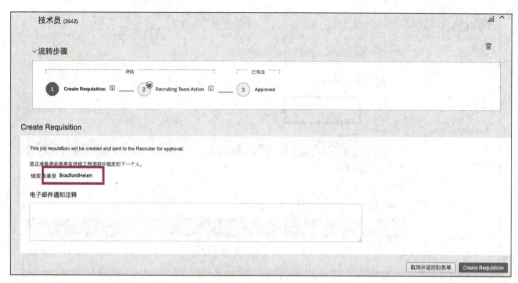

图 4-12 审批流转

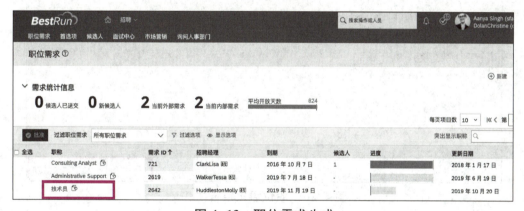

图 4-13 职位需求生成

图 4-14 职位需求审批

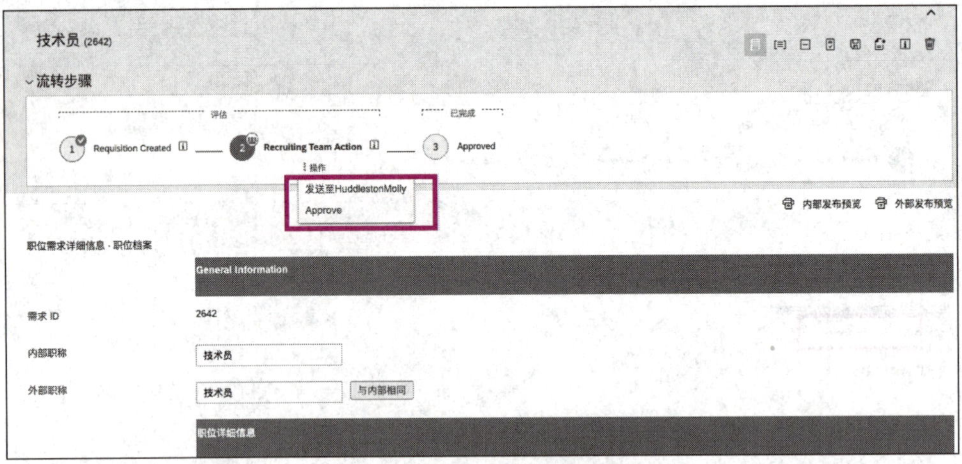

图 4-15 职位需求审批操作

图 4-16 职位需求审批操作

3. 职位需求发布

职位需求生效后,点击该职位需求即可出现操作菜单,如图 4-17 所示。在菜单中点击**职位发布**即可进入职位发布页面。选择公司内部网和外部站点发布的起始时间和结束时间,点击**发布职位**,会在相应的内部和外部站点上发布该职位需求,如图 4-18 所示。

▶ 二、应聘职位

任务:申请内部发布的职位或者推荐给朋友;注册新用户,访问公司公开的招聘链接并申请职位。

1. 内部推荐

企业内部的员工可以通过主页菜单的**职业**选项进入职业页面,如图 4-19 所示。

图 4-17 职位发布

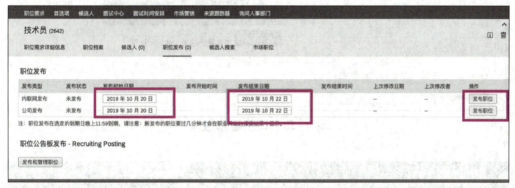

图 4-18 职位发布渠道

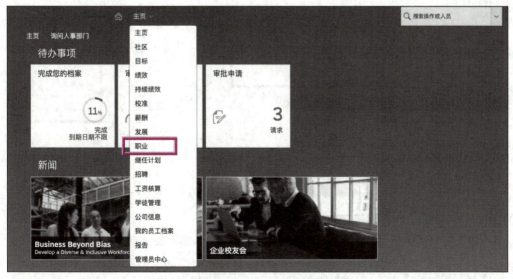

图 4-19 职位信息浏览

在**职业**机会页面,可以对内部发布的职位进行搜索,如图 4-20 所示。搜索到特定的职位需求后,可以自己申请,也可以向朋友推荐或者是用电子邮件将职位发送给朋友,如图 4-21 所示。

图 4-20　职位信息搜索

图 4-21　应聘职位

如果是自己申请,可以作为候选人完善自己的档案,然后提交即可,如图 4-22 所示。

如果想使用电子邮件的方式推荐给朋友,则可填写上朋友的姓名和电子邮箱地址,在消息中会自动带上该职位需求的相关信息并发送到朋友的邮箱中,如图 4-23 所示。

图 4-22 档案填写

图 4-23 内部推荐

也可以通过直接提交朋友简历的方式把朋友的信息推荐到公司,如图4-24所示。

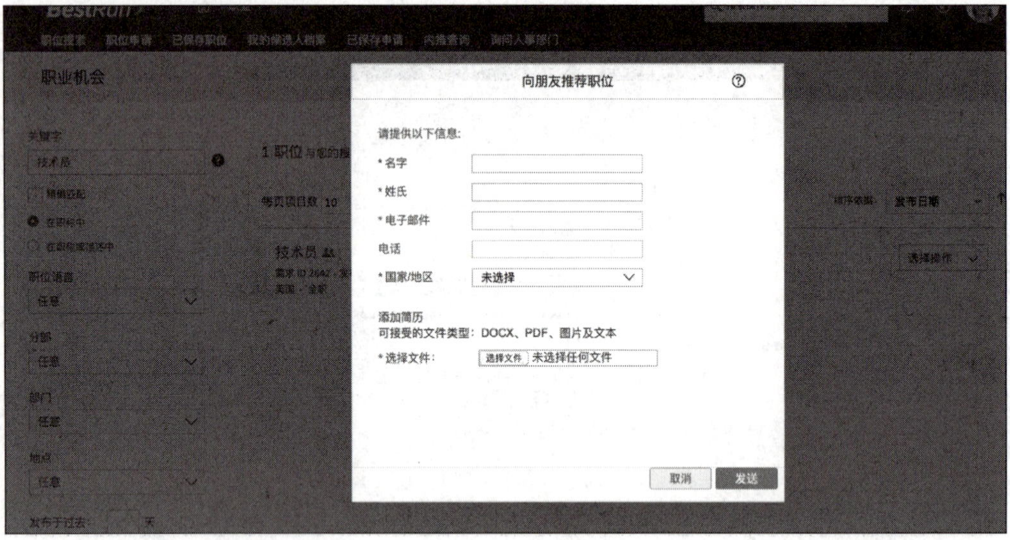

图4-24 推荐简历

2. 外部应聘

外部应聘是指公司外部人员通过访问公司公开的招聘链接并申请职位的方式,非注册用户的应聘者,可以通过注册链接创建账户,如图4-25、图4-26所示。

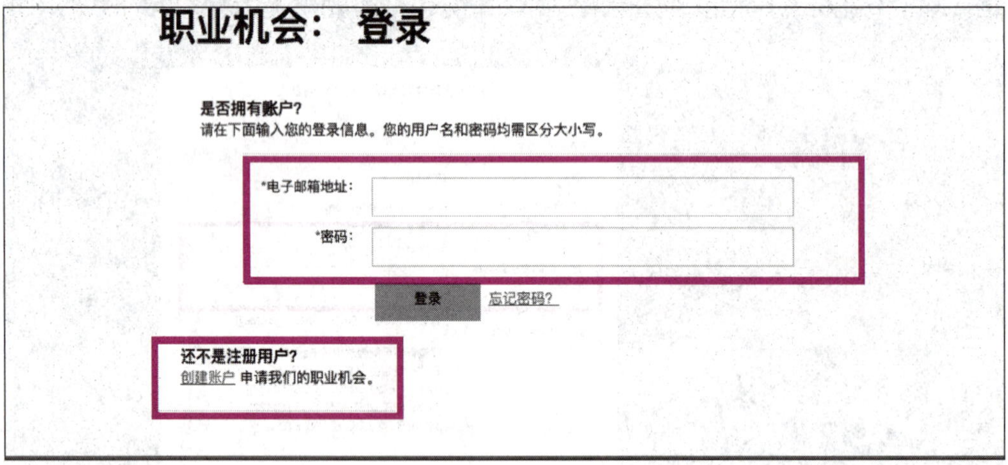

图4-25 外部应聘

进入外部应聘页面后,可以搜索职位,查看申请职位状态和创建职位提醒,还可以完善自己的档案,如图4-27所示。

查询到特定的职位后,可以点击**申请**,如图4-28所示。填写自己的相关信息和提交简历附件,即可完成职位的申请,在工作管理栏目中,可以看到状态信息,如图4-29所示。

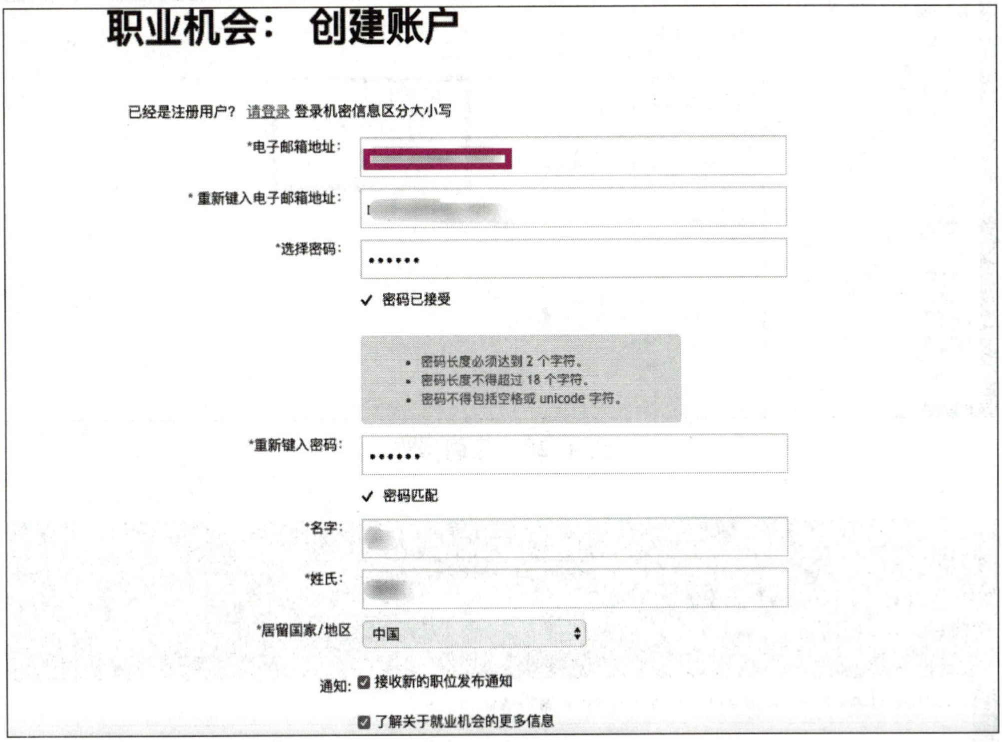

图 4-26 创建账户

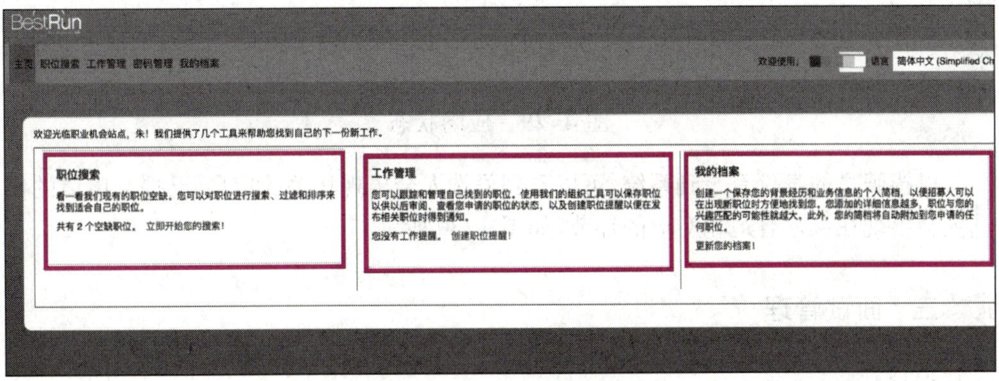

图 4-27 候选人界面

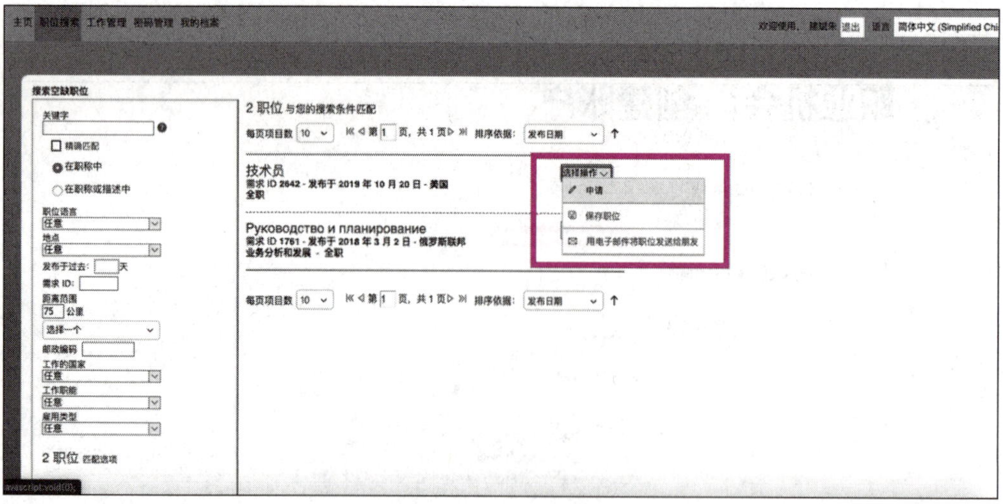

人力资源管理数字化运营

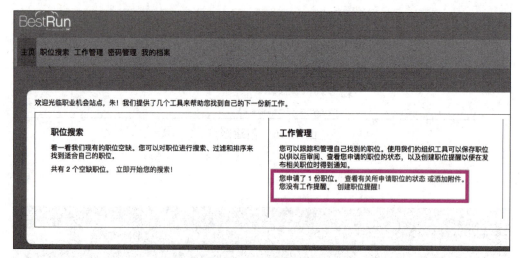

图 4-28　应聘操作

图 4-29　应聘状态

以招聘员的身份登录到系统,可以看到**候选人**会出现相关的信息,已提交申请的候选人会出现在人才管道相对应的环节,如图 4-30 所示。

三、面试管理

任务:为技术员职位的候选人安排面试,并进行面试评估记录。

1. 面试准备

进入主菜单**招聘**选项中,在职位需求中可以看到"技术员"这个职位,在候选人列表中看到有候选人已经提交了简历,如图 4-31 所示。点击候选人,进入候选人界面,选择特定的候选人,将候选人移动到面试状态"interview 1"中,如图 4-32 所示。

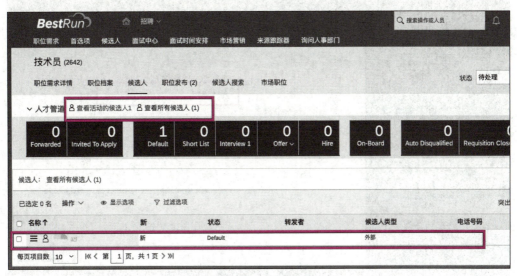

图 4-30 人才管道

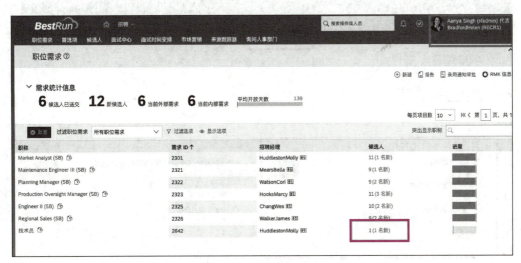

图 4-31 职位应聘情况

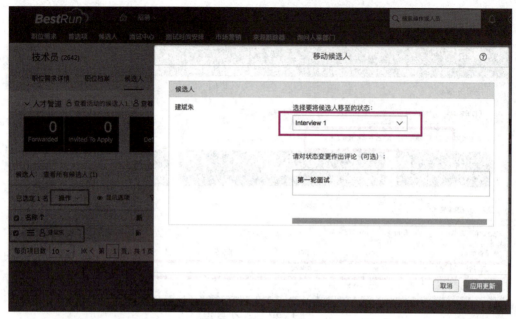

图 4-32　移动候选人

点击**面试时间安排**,"技术员"职位中会显示候选人信息和面试尚未开始,如图 4-33 所示。

图 4-33　面试时间安排

2. 面试安排与邀约

点击该职位进入面试时间安排界面,首先选择进入面试的候选人,如图 4-34 所示。

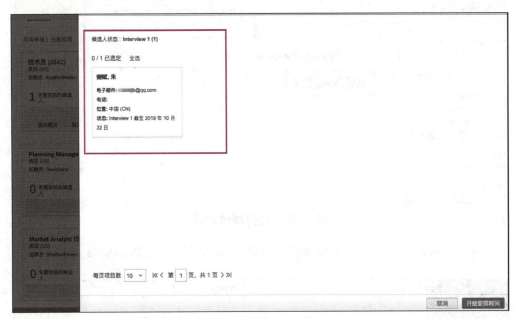

图 4-34 候选人状态

确定面试的类型、参加面试的面试官、可用的时间空当等,如图 4-35、4-36 所示。

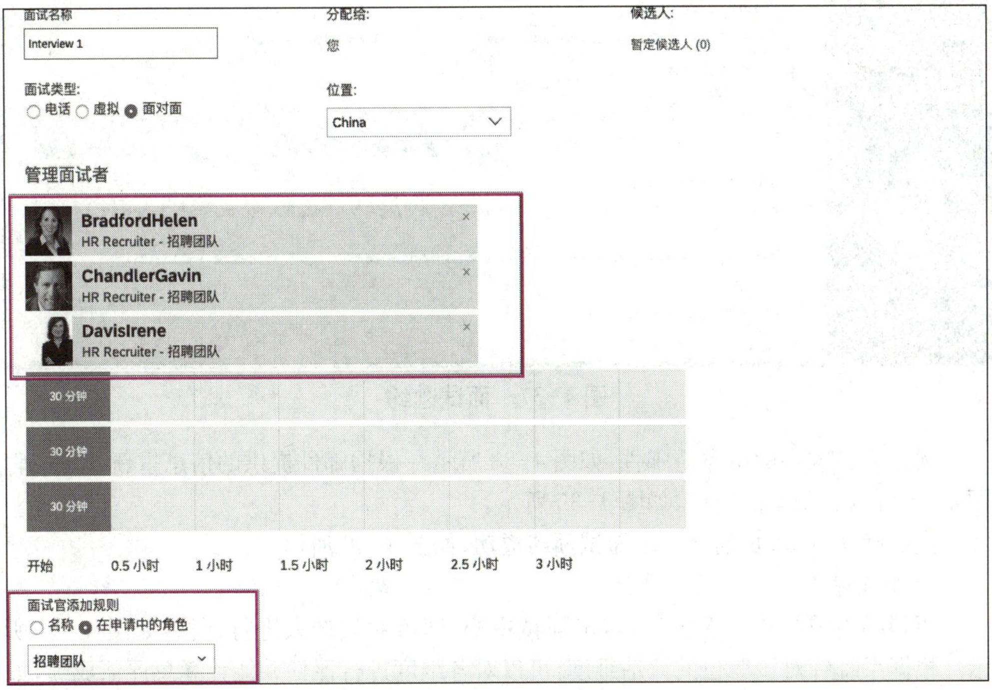

图 4-35 选择面试官

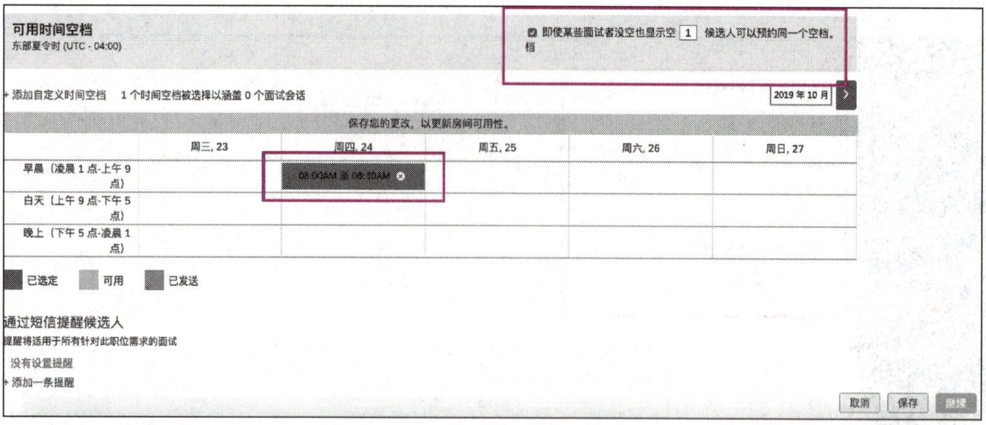

人力资源管理数字化运营

图 4-36　选择面试时间

填写完相关信息后,点击**继续**按钮,即可向候选人发送面试邀约,如图 4-37 所示。

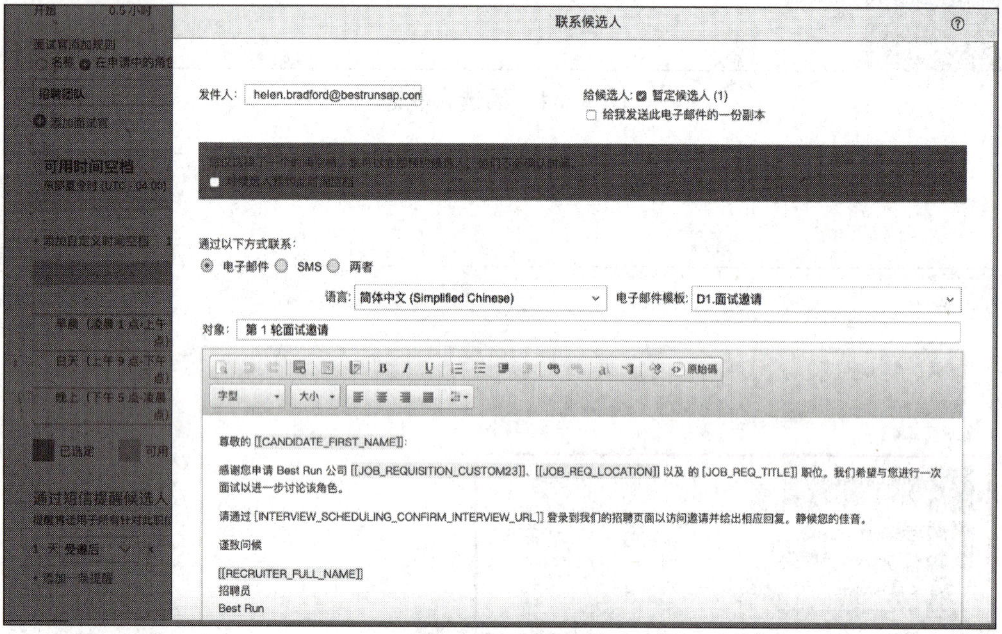

图 4-37　面试邀约

候选人会收到面试邀请邮件,如图 4-38 所示。根据邮件提供的信息重新登录招聘网站,也可以看到面试邀请,如图 4-39 所示。

点击确认链接,页面会显示**面试预约成功**,如图 4-40 所示。

3. 面试评价

招聘小组成员进入系统后,点击**面试中心**,即可对候选人进行评估,如图 4-41 所示。根据系统针对该职位的评估维度,可以对各维度进行评估并能计算总评估成绩,如图 4-42 所示。以此为例,其他招聘小组成员对候选人进行同样的评估。

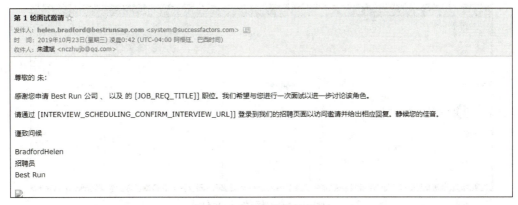

图 4-38　面试邀约邮件

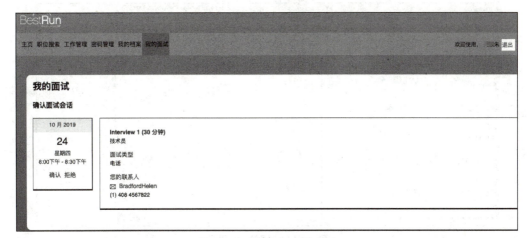

图 4-39　面试时间确认

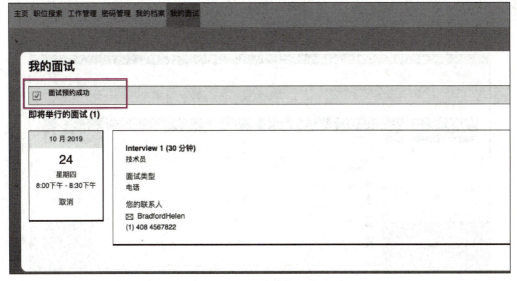

图 4-40　面试预约成功

图 4-41 候选人评估

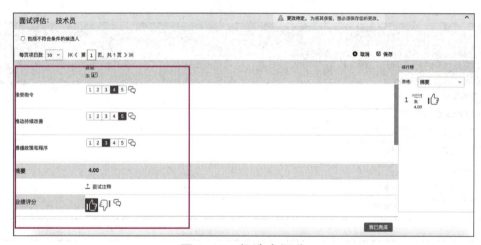

图 4-42 候选人评分

以招聘员的身份进入系统,可以看到所有招聘小组成员对该候选人的评估成绩,招聘员可以根据相关规则决定候选人是否进入流程的下一步,如图 4-43 所示。

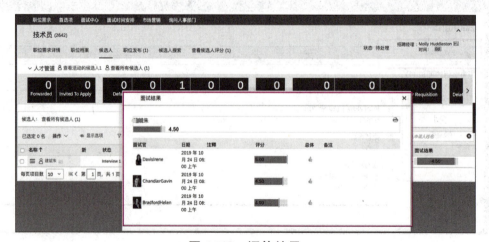

图 4-43 评估结果

四、发放录用通知

任务：为候选人选择录用模板并进行录用审批，审批通过后以邮件形式发放录用通知。

1. 审批

招聘员在人才管道中移动候选人到 **Offer** 状态，如图 4-44 所示。

图 4-44　移动候选人到 Offer 环节

点击候选人进入候选人详细信息页面，在**执行操作**菜单栏选择**录用通知**至**录用通知审批**，如图 4-45 所示。选择录用通知的模板和审批人，如图 4-46、图 4-47 所示。

图 4-45　录用通知审批

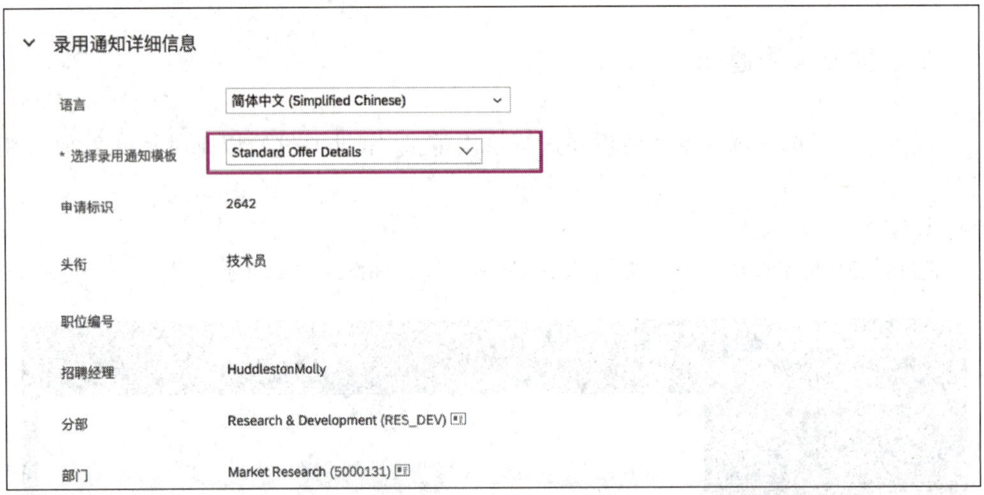

图 4-46 Offer 模板

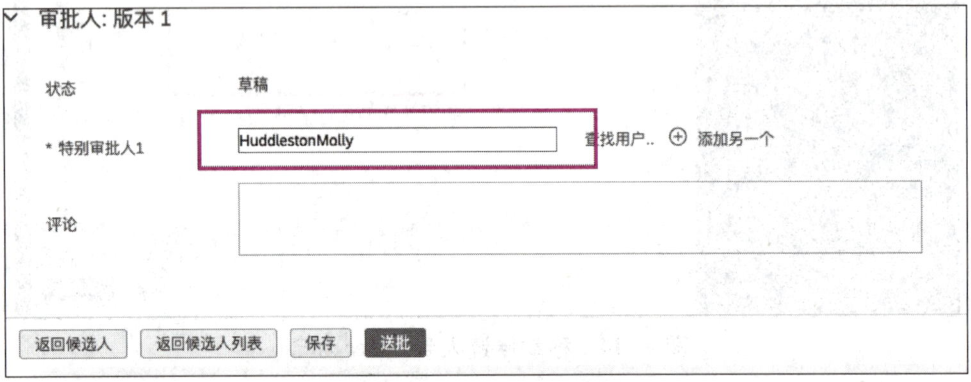

图 4-47 选择录用审批人

以审批人的身份进入系统,会看到招聘审批的提醒,点击进入即可审批,如图 4-48、图 4-49 所示。

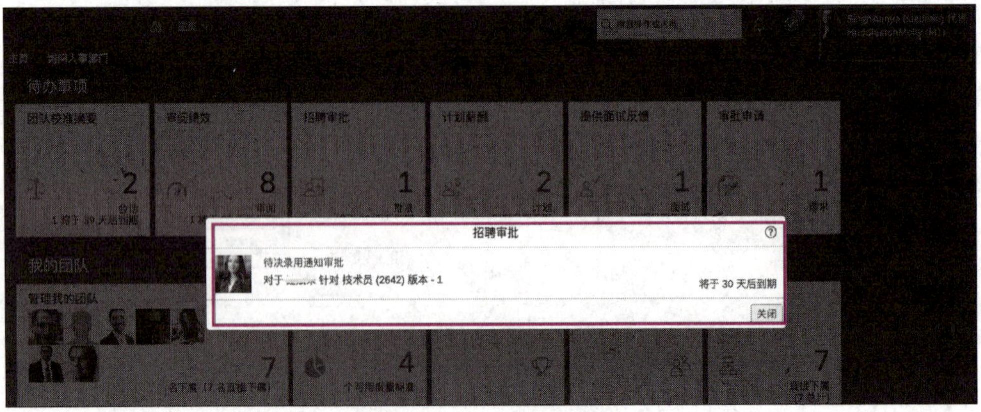

图 4-48 录用审批

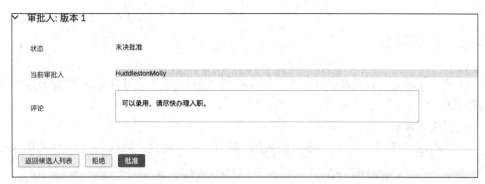

图 4-49 录用批复

2. 发放

招聘员进入到候选人页面,点击**执行操作**菜单下的**录用通知**选项至**录用通知书**,进入通知书编辑页面,如图 4-50、图 4-51 所示。

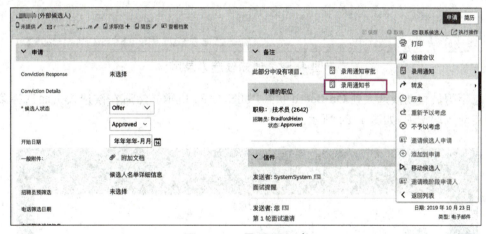

图 4-50 录用通知书

图 4-51 录用通知书填写

五、入职管理

任务：为新员工启动新员工入职流程，系统将通过链接引导新员工自助填写信息办理入职。

1. HR 预录用

可以通过多种方式通知候选人被录用，如图 4-52 所示。候选人可以对录用进行确认。

图 4-52 通知候选人录用

招聘员移动候选人到 **On-Board** 状态，如图 4-53 所示。然后在候选人页面选择菜单**启动入职**选项，如图 4-54 所示。

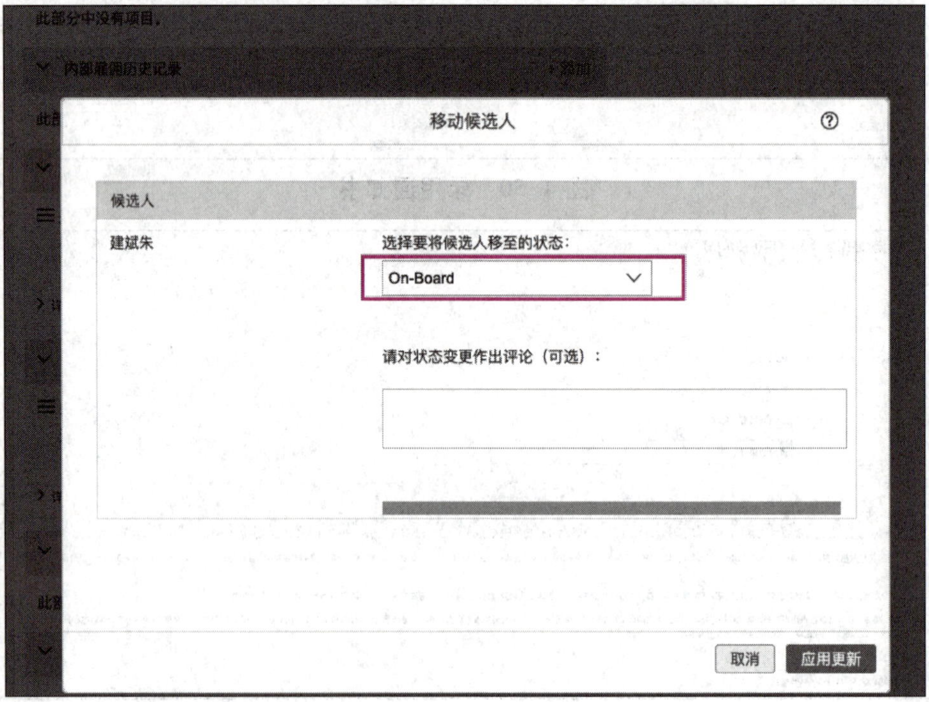

图 4-53 候选人入职

图 4-54 启动入职

招聘员进入主界面主菜单下的**入职**项,如图 4-55 所示。选择**入职信息面板**下的**流程**,启动入职流程,如图 4-56、图 4-57 所示。

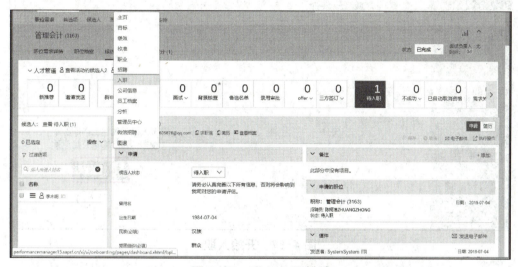

图 4-55 进入入职模块

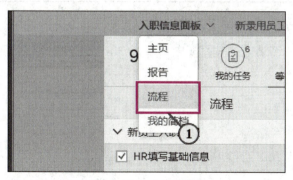

图 4-56 入职流程

招聘员填写新员工的相关信息,如图 4-58 所示。填写完后启用**新员工完善入职资料**,如图 4-59 所示。提交后新员工会收到一封带有链接的电子邮件,如图 4-60 所示。

2. 员工填写信息

新员工从邮件中的链接进入到新员工信息补充页,修改密码后填写相关信息,如图 4-61 所示。信息填写完后会出现新员工门户链接,点击进入,即可以看到直线经理为新员工专门设置的门户页面,里面包含了欢迎信息、相关链接及安排,如图 4-62 所示。

图 4-57　开始入职

图 4-58　新员工信息填写

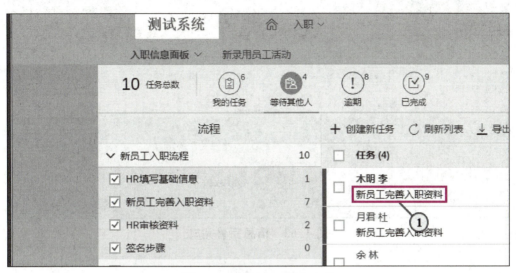

图 4-59　新员工信息完善

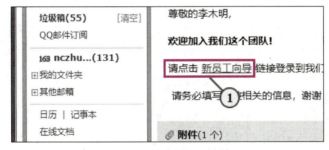

图 4-60　新员工邮件

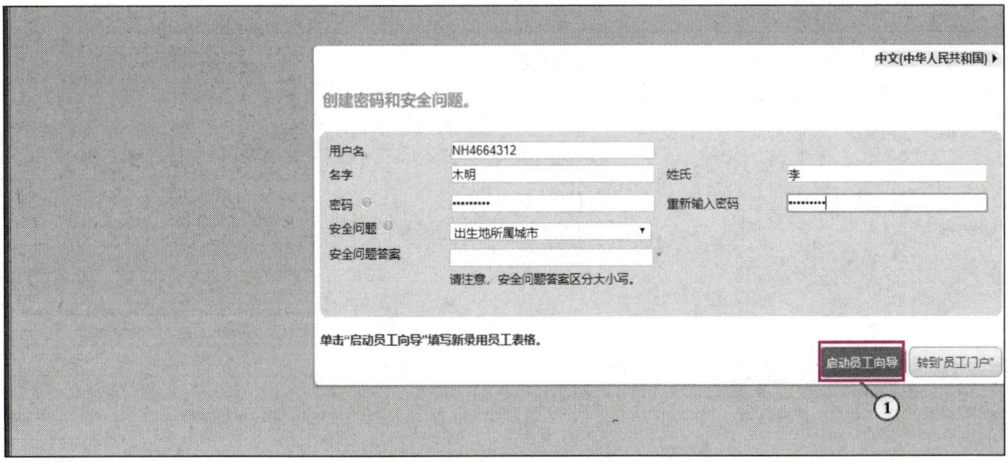

图 4-61　新员工入职向导

图 4-62　信息完善完成

第五章 目标绩效管理

> **学习目标**
>
> 1. 理解绩效管理的概念和流程。
> 2. 熟悉 SF 系统中目标绩效管理模块的基本功能。
> 3. 掌握 SF 系统中目标绩效管理模块的操作方法。

第一节 目标绩效管理概述

一、绩效管理概念

安德烈·A.德瓦尔认为,绩效管理是一套程序,它使公司能够为持续创造价值做出可见的贡献,绩效管理的程序包括战略开发、预算制度、确定目标、绩效评估以及激励性报酬等。

有些学者认为,绩效管理是通过人力资源管理将组织策略目标转换成员工个别绩效项目的方法。另外有些学者比较强调沟通在绩效管理中的地位,认为绩效管理就是一个持续交流的过程,该过程由员工和他们的直接主管按照制定的绩效计划完成。

以上看法从不同角度描述了绩效管理的特征,将绩效管理归纳为为了更有效地实现组织目标,由专门的绩效管理人员运用人力资源管理知识、技术与员工一道持续提高组织绩效的过程。

二、绩效管理流程

绩效管理的流程具体包括绩效计划制定、绩效执行、绩效评价、绩效反馈等持续循环过程,如图 5-1 所示。

图 5-1 绩效管理过程

1. 绩效计划

各级管理者要与自己的下属员工进行绩效计划谈话，协商制定评价期内的工作目标、评价标准与行动方案。这是绩效管理过程的起点，也是最重要的一个环节，在这个环节要重点解决"评价什么"的问题，即员工的绩效评价有哪些，绩效目标值有多大，评价期有多长。

（1）绩效目标——绩效计划的关键环节

绩效计划是绩效管理的首要环节，制定绩效目标是绩效计划的关键环节。员工绩效目标是在绩效考核期初的绩效计划阶段，员工根据自己的工作内容、任务和自身能力，结合部门目标、组织目标和上一期的实际工作绩效，在部门主管的指导下，设定未来努力工作会达成的结果。它是员工工作的方向，是联结企业目标与绩效管理实践的纽带，为制定绩效标准以及绩效管理的其他相关活动提供了基础条件和评价标准。

（2）设定绩效目标的原则

确定绩效目标需要遵循 SMART 原则。

S 代表具体(specific)，即目标要明确、清晰地描述出员工需要完成的具体任务，应避免模糊不清；

M 代表可衡量(measurable)，即目标要尽量量化，不能量化就要细化，就是说指标不能用数字表现的就要把它分解到最小的具体组织单位；

A 代表可实现(attainable)，即目标必须是能够实现的，避免设立无效目标；

R 代表相关性(relevant)，即目标必须与组织战略保持一致。一是上级目标必须在下级目标之前制定，上下级目标保持一致，避免目标重复或断层；二是员工的绩效目标要与所在团队尤其是与个人岗位工作职责相联系；

T 代表有时限性(time bound)，即指标须在特定的期限内完成，保证目标完成的时效。

2. 绩效执行

管理者和员工在整个绩效期内要进行持续的绩效沟通，管理者要采用有效的管理方式对员工的工作进行监控并及时提供必要的指导，确保员工实现绩效目标。一旦绩效周期开始启动，员工就必须努力去取得结果，并且执行之前自己同意的任务，同时满足开发计划提出的各项要求。在这一环节中重要的是解决"如何有效激励"的问题。表5-1 对员工和管理者解决这一问题的做法做了一个总结。

表 5-1 绩效执行员工和管理者的任务

员　　工	管　理　者
承诺达成已经确定的目标	观察并记录
寻求持续性的绩效反馈和指导	更新
和上级交流	反馈
收集和分享绩效成绩	提供资源
为绩效考核做好准备	强化

(1) 员工做法

① 承诺达成目标。员工必须承诺达成已经确定的目标。强化员工承诺的方法之一是让员工积极地参与到设定目标的过程中来。

② 寻求持续性的绩效反馈和指导。员工不一定非要等到绩效评价结束时才能获得绩效反馈,也不能等到出现严重问题时才去寻求上级的指导。员工应当积极向其上级寻求绩效反馈和指导。

③ 和上级之间的交流。管理人员总是忙于应付各种事务。因此,员工有责任主动与自己的上级进行坦率而经常性的沟通。

④ 收集和分享绩效信息。员工应该经常向自己的上级汇报关于绩效目标实现程度的最新进展情况,汇报的内容既要包括行为方面的情况,也要包括结果方面的情况。

⑤ 为绩效考核做好准备。员工不应该一直等到绩效周期结束时才准备绩效考核。相反,员工在工作过程中应该坚持做出持续性的、现实性的自我评价,以在必要时及时采取相关的纠正行动。通过从同事和客户(包括内部客户和外部客户)那里收集一些非正式绩效信息,员工自我评价的有效性可以得到加强。

(2) 管理者做法

① 观察并记录。上级管理者必须每天观察和记录员工的绩效。保持对员工的优劣绩效事例的记录是一件非常重要的事情。

② 更新。因为组织目标可能会发生变化,所以不断更新和修订当初制定的目标、标准、关键职责(从结果的角度来看)和胜任能力(从行为的角度来看)就显得非常重要。

③ 反馈。在绩效周期结束之前,上级管理者必须经常对员工的进展状况进行反馈,同时向他们提供绩效改善方面的指导。

④ 提供资源。上级管理者应当向员工提供各种资源以及参加开发活动的机会。因此,他们应当鼓励和推动员工参与培训、去上一些课以及参加一些特殊的工作安排。总的来说,管理者有责任确保员工获得有助于他们完成工作的各种支持性资源以及资金。

⑤ 强化。管理者必须通过强化员工的有效行为以及在实现目标方面取得的进步,让员工们知道他们的突出绩效已经受到上级的关注。同时,上级管理者还应当针对员工的不良绩效提供反馈,让他们知道应当如何改进。仅有观察和沟通是不够的,一旦发现有绩效问题,就必须及早诊断,并采取适当的措施解决。

3. 绩效评价

选择合理的评价方法与考评技术,依据计划绩效阶段制定的指标与标准,选择合理的考评主体对员工的绩效进行评价。这个环节就是绩效考核阶段,此阶段的重点是解决"谁来评价"和"用什么方法来评价"的问题。

(1) 绩效考核的种类

绩效考核根据时间可分为定期考核与不定期考核。定期考核的时间可以是一个月、一个季度、半年、一年。考核时间要根据企业文化和岗位特点来选择。不定期考核有两方面的含义,一方面是指组织对人员提升进行的考评,另一方面是指主管对下属日常表现进行记录,发现问题及时解决,同时也为定期考核提供依据。

根据考核内容侧重点,绩效管理可以分为品质主导型、行为主导型和效果主导型。

品质主导型着眼于"他这个人怎样",考评内容以员工在工作中表现出来的品质为主,考核需要使用如忠诚、可靠、主动有创造性、有自信、有协作精神等定性指标,所以很难具体掌握,并且操作性与效度差。但是它适合员工作潜力、人际沟通能力等的考评。

行为主导型着眼于"干什么"和"怎么干的",考评内容以员工的工作行为为主,重在过程,而非结果。考评的标准较易制定,操作性强。行为主导型适合于对管理性、事务性工作进行考评。

效果主导型着眼于"干出了什么",考评内容以工作效果为主,重点在于工作的产出和奉献。由于考评的是工作业绩,而不是品质和行为,所以考评的标准容易制定,而且考评也容易操作。目标管理就是一种常见的考评方法。效果主导型具有短期性和表现性的缺点,对从事具体生产的员工较适合,但对事务性工作人员的考评不太适合。

(2) 绩效考核的方法

① 比较法。包括交替排序法、配对比较法、强制比较法。交替排序法是将员工按照某个评估要素上的表现从优到劣排序,确定每人的相对等级或名次。配对比较法是将全体员工按照每一评估要素逐一配对比较。员工数量较多时,其工作量就比较大,若企业中员工总数为 n,则要进行 $n(n-1)/2$ 次比较。强制分布法是在考核之前就设定好绩效水平的分布比例,然后将员工的考核结果安排到分布结构里去。

② 关键事件法。它是一种通过员工的关键行为和行为结果来对其进行绩效考核的方法,一般由主管人员将其下属员工在工作中表现非常优秀或者非常糟糕的行为事件记录下来,然后在考核时点上(每季度或者每半年)与该员工进行一次面谈,根据共同讨论记录来考核其绩效水平。

③ 行为锚定评价量表法。把关键事件法和量化等级法的优点加以整合,为每一职务的考核维度设计考评量表,并有一系列典型行为描述句与量表上的一定等级尺度(评分标准)相对应和联系(即锚定),以供考核者在给被考核者评分时参考。尽管这些典型行为描述数量有限(一般不多于10条),不可能涵盖员工工作表现的方方面面,被考核者的实际表现也很难与描述句所描述的完全吻合,但有了量表上的这些典型行为锚定点,考核者打分时就有了分寸感。

④ 目标管理法(MBO)。它是通过将组织的整体目标逐级分解直至个人目标,最后根据被考核人完成工作目标的情况来进行考核的一种绩效考核方式。在开始工作之前,考核人和被考核人应就需要完成的工作内容、时间期限、考核的标准达成一致。在时间期限结束时,考核人根据被考核人的工作状况及原先制定的考核标准来进行考核。

⑤ 360度评价法。它是指从与被考核者发生工作关系的多方主体那里获得被考核

者的信息,以此对被考核者进行全方位、多维度的绩效评估。

这些信息的来源包括来自上级监督者的反馈、来自下属的反馈、来自平级同事的反馈、来自企业内部的协作部门和供应部门的反馈、来自企业内部和外部的客户(服务对象)的反馈、来自本人的反馈。

⑥ 关键绩效指标法(KPI)。KPI 指标体系是实施绩效考核的一种有效的工具,是通过对组织内部的输入端、输出端的关键参数进行设置、取样、计算、分析,衡量流程绩效的一种目标式量化管理指标,是把企业战略目标分解为可操作的工作目标的工具,是企业绩效管理的基础。KPI 可以使部门主管明确部门的主要责任,并以此为基础,明确部门人员的业绩衡量指标。建立明确的切实可行的 KPI 体系,是做好绩效管理的关键。

⑦ 平衡计分卡(BSC)。平衡计分卡中的目标和评估指标来源于组织战略,它把组织的使命和战略转化为有形目标和衡量指标。平衡计分卡把对企业业绩的评价划分为财务、内部运营、客户、学习与发展四个方面的指标。它不仅是一个指标评价系统,而且还是一个战略管理系统,是企业战略执行与监控的有效工具。

⑧ 目标与关键成果法(OKR)。它是一套明确和跟踪目标及其完成情况的管理工具和方法,由英特尔公司原 CEO 安迪·格鲁夫发明。OKR 的主要目标是明确公司和团队的"目标"以及每个目标达成的可衡量的"关键结果"。OKR 可以在整个组织中共享,这样团队就可以在整个组织中明确目标,帮助协调和集中精力。

OKR 的实施方法,选定某个时间周期(比如一个季度),确定 1 个有挑战的、方向明确的目标;然后针对这个目标,制订 3~4 个可量化的、具体的关键结果,并确保这些关键结果能让目标顺利达成。

⑨ EVA 管理(economic value added)。又称经济增加值,是美国思腾思特咨询公司(Stern Stewart & Co.)于 1982 年提出并实施的一套以经济增加值理念为基础的财务管理系统、决策机制及激励报酬制度。它是基于税后营业净利润和产生这些利润所需资本投入总成本的一种企业绩效财务评价方法。所谓 EVA 考核是一种通过从税后营业利润中扣除企业资本占用成本来衡量公司业绩的管理工具。它的核心理念指向一点,即企业的资金是有成本的。

SuccessFactors 绩效管理模块可以支持多种绩效管理方法,如关键绩效指标(KPI)、平衡计分卡(BSC)、目标管理(MBO)等(见表 5-2)。可以通过设置多种考核管理模板实现不同的绩效管理方法,并可根据企业发展的需要灵活调整。

表 5-2 SuccessFactors 绩效考核方法

	KPI	MBO	BSC	EVA	OKR
使用前提	无	无	公司层面形成明确的经营数据与目标	有明确的投资者附加值要求	当企业发展到行业尖端后,没有可跟随的目标和方向,需要自己探索时

（续表）

	KPI	MBO	BSC	EVA	OKR
基本操作	自上而下 企业的战略目标分解为可操作的工作目标的工具，衡量流程绩效的一种目标式量化管理	上下结合 企业员工的积极参与下，自上而下地确定工作目标，并在工作中实行"自我控制"，自下而上地保证目标实现	自上而下 从财务、客户、内部运营、学习与成长四个角度，将组织的战略落实为可操作的衡量指标和目标值	自上而下 聚焦各业务线的经济附加值，根据业务线的特征制定对应的绩效方式	上下结合 一定程度上的自下而上和自上而下相结合，个人提出目标，与团队与公司目标相结合，形成个人OKR
适用范围	常规性的岗位与职能均适用	各类企业均可应用；目标导向性明确	管理较成熟的集团；企业战略较明确	拥有多种业务线的集团；	互联网行业中领先企业或职能，强调创新，与内部的沟通交流

4. 绩效反馈

针对员工取得的进展向员工提供反馈是绩效辅导的一个关键组成部分。所谓反馈，就是向员工提供与他们过去的行为有关的信息，反馈的着眼点在于改进员工未来的绩效。尽管"过去"是反馈的一部分，但是反馈既要包含过去的内容，也要包含未来的内容。这就是为什么当合理地提供反馈时，反馈也能被视为一种"前馈"。反馈中的绩效信息既有正面的，也有负面的，其目的是让员工知道他们在达到预定的绩效要求方面到底做得怎么样。

（1）反馈的作用

① 帮助员工树立信心。表扬员工的优良绩效有助于员工树立对未来绩效的信心，同时让员工知道管理者是关心他们的。

② 开发胜任能力。清晰地告知员工在哪些方面做得不错以及如何把工作做好，能够帮助员工更加胜任工作并改善绩效。另外，清楚地告诉员工在哪些方面做得不好，也会为员工提供非常有用的信息，可以帮助他们不再重复犯错。

③ 强化员工参与。能够得到上级的反馈，同时能与上级共同讨论绩效问题，有利于员工理解自己在本部门乃至整个组织中扮演的角色，而这反过来又会促使员工更积极地参与到本部门和本组织的各项工作中去。

（2）有效反馈

然而，令人遗憾的是，即使向员工提供的反馈全都是正确的，也并不意味着一定有效。在很多情况下，反馈的结果反而是导致绩效水平下降，这可能是因为反馈的信息没有太大用处，或者是反馈的方式不正确。如果反馈仅仅是针对员工的整体绩效表现，而不是针对某些具体的工作行为提出的，这种反馈就有可能会带来伤害。

虽然一些反馈的效果并不好，但是从整体上来说，反馈还是一种利大于弊的做法。此外，不提供反馈也有成本。首先，组织可能会因此而丧失员工提升自己绩效的机会。其次，组织很可能会陷入长期低绩效的泥潭，因为员工发现不了自己存在哪些绩效问题,所以可能会认为继续保持这种低水平的绩效是合理的。最后,员工对于别人对自己绩效的评价可能会产生错误认知。

为了让绩效反馈体系发挥其最大作用,组织可以遵循以下要求来改善反馈效果。

① 及时。在绩效事件发生之后,应当尽可能迅速地提供反馈。要想使反馈发挥最大的作用,就应该在绩效事件发生之后立即提供反馈。

② 经常。反馈的提供应当是具有持续性的,如果有可能,最好是每天都能提供反馈。如果绩效改进是一项持续性的活动,绩效反馈也应当持续地提供。

③ 具体。通过反馈提供的内容应当包括具体的工作行为及其结果,以及这些工作行为和结果发生时的具体情境。反馈要说明的不是员工是什么样的,而是要说明员工的行为、结果以及在什么情况下发生了这些行为和结果。

④ 可验证。反馈必须是可验证的、准确的,不能来自传言,也不能是演绎出来的。只有提供的信息是可验证的,才能确保员工愿意接受这种反馈。

⑤ 前后一致。反馈应当具有一致性。比如关于某一特定绩效不应该出现一开始高度表扬,后来又严厉批评这种变化。

⑥ 保护隐私。反馈应当在合适的时间和地点进行,从而避免使当事人感到尴尬。

⑦ 说明后果。反馈的内容应当包括一些背景性的信息,让员工能够理解相关行为及其可能引发的后果。

⑧ 先描述,再评价。在提供反馈时,首先要做的是描述行为和结果,而不是去对它们进行评价和判断。要在与员工确认存在这些事实之后,再对所观察到的事实作出评价。如果一开始就评价,员工很可能会采取一种防御的态度,拒绝接受反馈信息。

⑨ 描绘绩效渐变程度。在提供反馈时,应当将绩效描述为一个连续区间,在描述优良绩效时,这个区间会呈现出从少到多的渐变过程,而在描述不良绩效时,这个区间则呈现出从多到少的渐变过程。换言之,在反馈中应当提供这样的信息:如何才能更多地做出代表优良绩效的行为,更少地做出代表不良绩效的行为。这样一来,绩效就成为一个程度问题,即使是一个绩效最糟糕的人也会有某些代表优良绩效的闪光点,而在提供反馈时,恰恰可以将这些闪光点作为讨论如何改进员工绩效的切入点。

⑩ 提出建议和办法。在反馈中可以包括上级对员工提出的如何改进绩效的建议。与此同时,员工本人也要积极主动地寻找如何在未来改进绩效的办法。

三、SuccessFactors 绩效管理

SuccessFactors 绩效管理功能主要包括目标管理、持续绩效、绩效校准、绩效评估四个模块。

1. 目标管理

围绕一组共同的目标协调所有员工和经理人在全公司内创建、协调并监控目标进

展，保证战略的执行。这一模块通过目标级联等方式使企业战略目标落地到各个分部，加强了全员的目标协调一致性，提高了管理的通透性，落实了权责制度。

(1) 战略落地

通过目标的分解和链接，有效地将企业战略目标落实到具体部门和具体人员。通过子目标和里程碑将大目标分解成可执行和可监控的任务。

(2) 目标进展监控

反映目标进展的图表可以帮助管理人员监控各个层面的目标完成情况。通过及时辅导和调整，确保既定的业绩目标的实现。

(3) 提高参与度

使员工清楚地了解他们的日常工作关系到企业和团队的战略目标的实现。

2. 持续绩效

这个模块通过成就设定及绩效反馈来鉴别、使用、激励和保留高绩效员工，利用自动化且简化的绩效审核系统对员工进行测评，并给出重要反馈。这一模块能够推动经理和下属之间建立持续的、目的明确的反馈循环。将非经常性的绩效评估转换为以提高员工能力和绩效为核心的经常性对话。

(1) 发现绩效优秀者

帮助高级管理层识别绩效优秀的团队和个人，并对他们进行激励、发展和保留。

(2) 提高完成率

易于使用的用户界面提高业绩评估工作的准时完成率。内置的分析报表减少了统计分析的工作量，提高准确度。

(3) 规范集团绩效管理

规范和完善全集团的绩效评估、反馈、辅导、绩效完成数据收集、绩效结果应用等相关流程。

3. 绩效评估

该模块系统采用360度环评，360评估模块可以帮助公司更客观、有效地对员工进行评估，及时发现人才的优缺点，并及时制定发展及提升计划。

(1) 客观评估

通过上级、同事、下级、本人以及外部客户参与，结合能力素质模型，对被评估者有更全面的了解。

(2) 发现优势与不足

可通过不同类别人员的评估对比，以及与角色要求的对比，发现员工的隐藏优势和盲点。

(3) 发展提升计划

与学习发展模块直接关联可及时制定员工的发展提升计划，并与员工职业发展相结合。

4. 绩效校准

校准模块能够帮助企业实现绩效评估结果的正态分布、九宫格的合理分布以及调薪分布等。

绩效校准正态分布是指按照公司设定的正态分布比例要求,严格执行并实现考核结果的正态分布,从而发现优秀人才。

下面的九宫格(见表5-3)是绩效与潜能评估的结果,根据九宫格可合理调整和分配人才,从而校准人才的分布。

表5-3 绩效—潜能九宫格

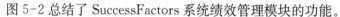

	较好	绩效	优秀
高潜能	需要辅导	新星	明星
	绩效达标者	干将	后起之秀
低	绩效较差者	绩效较好者	经验丰富的专业人员

调薪分布是根据考核结果进行"绩效-调薪"图的分布调整,合理根据绩效结果进行调薪。

图5-2总结了SuccessFactors系统绩效管理模块的功能。

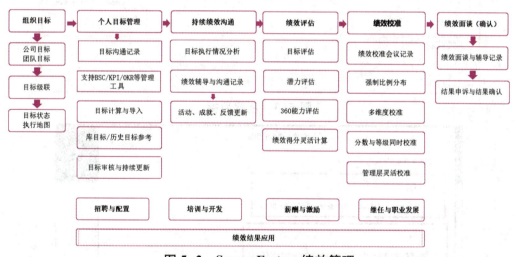

图5-2 SuccessFactors绩效管理

5. 绩效评估的应用

① 绩效评估与薪酬管理直接关联,可直接依据绩效考核结果进行调薪、奖金发放的管理。考核结果与职业生涯规划及培训相关联。

② 可以填写绩效改善计划。

③ 可以根据员工的不足制定培训发展计划。

④ 可导出员工绩效考核的总体成绩、目标KPI成绩、能力评估成绩等。

⑤ 员工可查询绩效评估的所有结果数据和过程数据,如不同意可以不签名确认或者提出申诉。

第二节 目标绩效模块应用

一、目标管理

任务：添加个人目标，并将经理的目标与自身目标进行级联。通过目标级联功能，可对组织中横向和纵向目标进行关联，使有工作关联的部门或个人的目标能够关联起来。

1. 创建一个新的目标

选择主菜单中的**目标**，就可以添加目标，如图 5-3 所示。可以选择**创建一个新的目标**或**目标向导**。如果选择的是**创建一个新的目标**，可以通过自定义的方式或者使用库目标来创建目标，如图 5-4 所示。新建、修改、删除目标时，系统会自动给员工和管理者

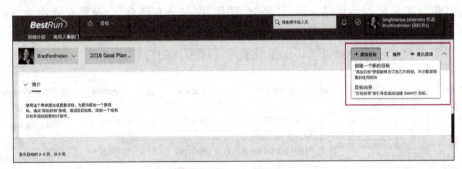

图 5-3 创建目标

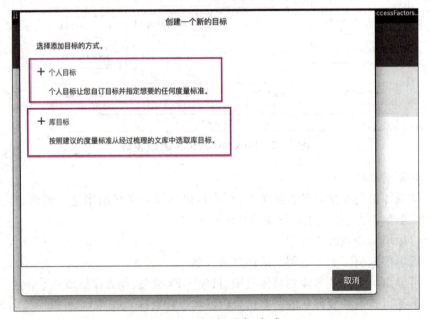

图 5-4 添加目标方式

发送提醒邮件。

使用**个人目标**创建目标，填写各字段的参数，点击**保存更改**即可生成新的目标，如图 5-5 所示。

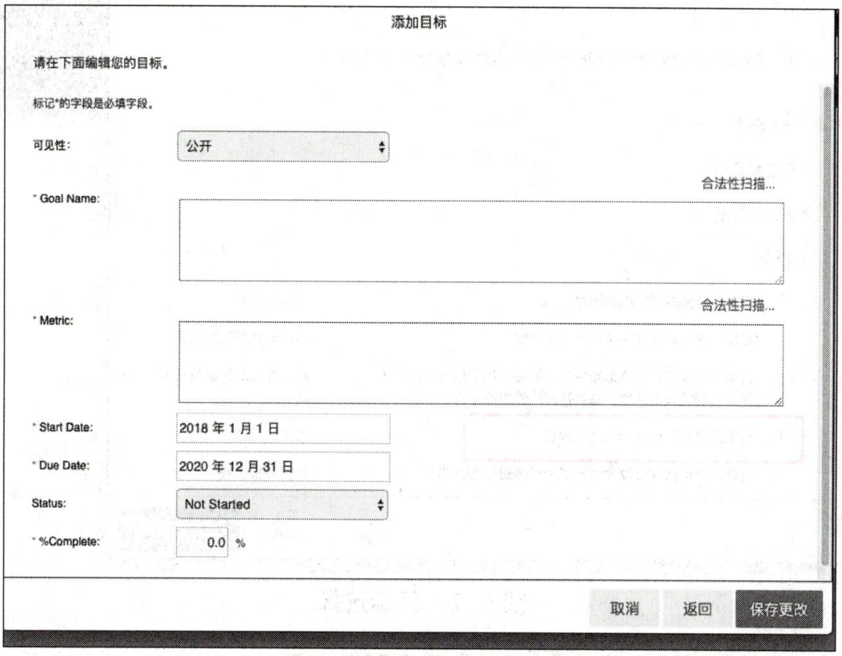

图 5-5　目标信息填写

使用**库目标**的方式创建目标，可以选择相关分类下的目标，如图 5-6、图 5-7 所示。

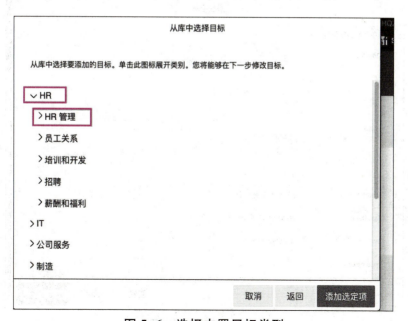

图 5-6　选择内置目标类型

系统内置一个目标库,提供 700 多个可参考使用的指标,内容包括 HR、销售、生产制造、财务、IT、市场等。企业还可以自定义目标库,加入符合本企业要求的目标。

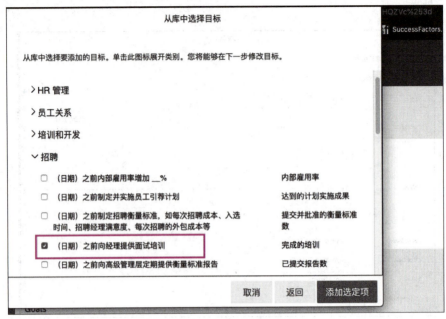

图 5-7　目标选择

然后可以编辑系统自动导入的目标,**保存更改**即可生成标准的目标,如图 5-8、图 5-9 所示。

图 5-8　目标编辑

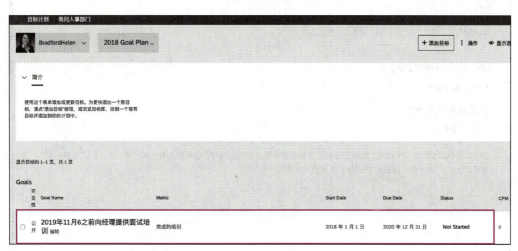

图 5-9　目标生成

2. 利用目标向导添加个人目标

个人也可以通过**目标向导**来建立目标，目标的建立要符合 SMART 原则，如图 5-10—图 5-13所示。

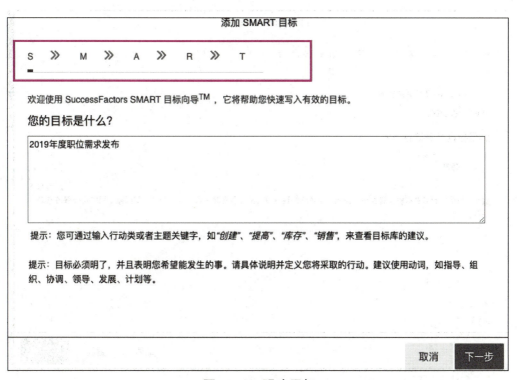

图 5-10　明确目标

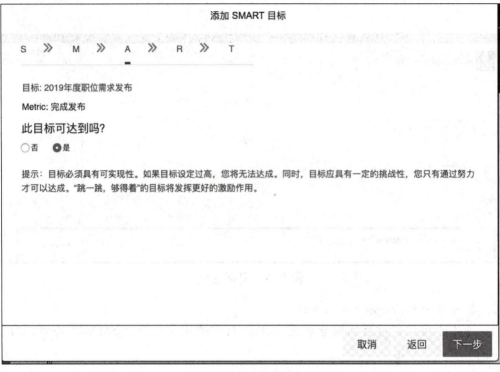

图 5-11　目标可达成

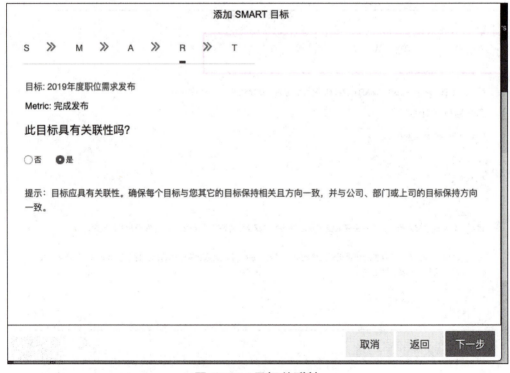

图 5-12　目标关联性

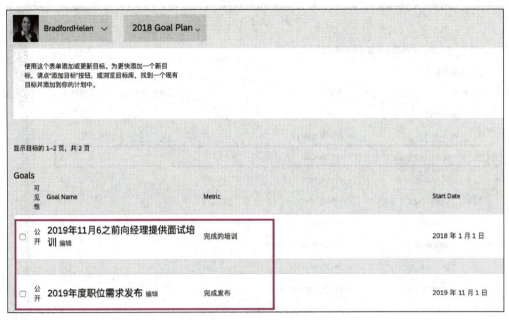

图 5-13　目标生成

3. 级联目标

经理可以将目标**级联**到自己的下属，如图 5-14、图 5-15 所示。

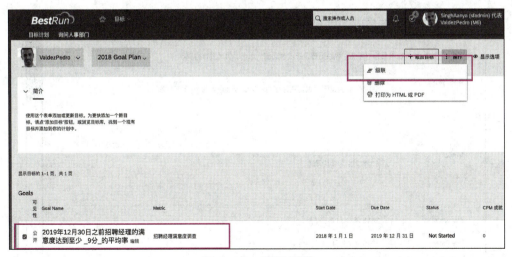

图 5-14　目标级联

下属可对级联的目标进行适合自身情况的修改，点击**级联**即可生效，如图 5-16 所示。

经理可点击**查看目标详情**查看级联目标详情，如图 5-17、图 5-18 所示。

进入下属绩效详情页面，可以看到从经理处级联的目标已经生成，如图 5-19 所示。

人力资源管理数字化运营

图 5-15 级联到指定下属

图 5-16 级联生级

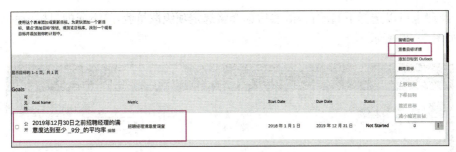

图 5-17　查看目标详情

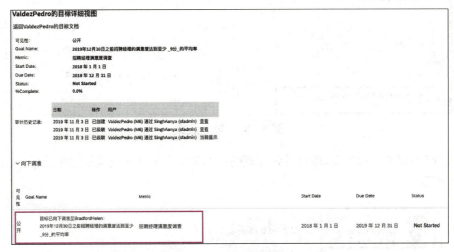

图 5-18　目标级联信息

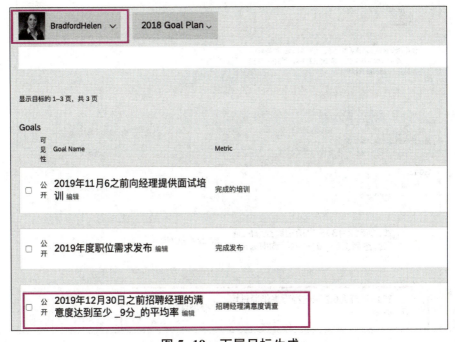

图 5-19　下属目标生成

经理也可以选择下属的目标,然后选择**将选定项级联给我**,将下属的目标级联给自己,如图 5-20 所示。

图 5-20　向上级联

返回经理的目标界面,即可看到经理的目标里出现了从下属级联过来的目标,如图 5-21 所示。

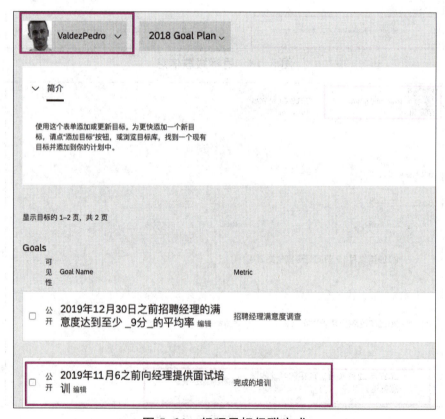

图 5-21　经理目标级联生成

点击**显示选项**，可以根据需要设置目标计划的**提醒**、**可见性**、**上次修改时间**、**开始日期**、**到期日期**、**状态**等，如图 5-22 所示。

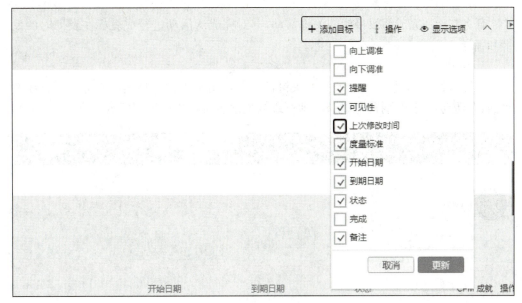

图 5-22　目标状态变化提醒

4. 执行地图

在执行地图版块能直观地看到与之相关的所有目标及团队人员目标完成情况，如图 5-23 所示。

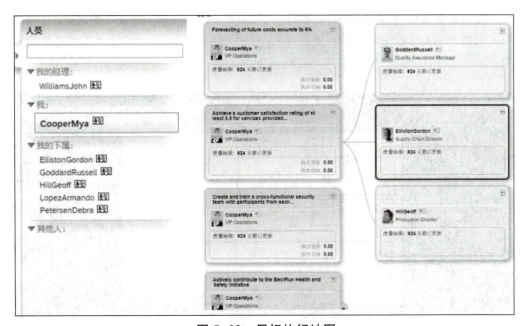

图 5-23　目标执行地图

二、持续绩效

任务：添加完成绩效目标的关键活动，并对完成的活动进行成就标注及即时的反馈和辅导。

1. 活动记录

在完成绩效的过程中，会有一些关键活动。点击菜单栏的**持续绩效**进入持续绩效界面，在**活动**栏目里选择添加活动，即可添加关键活动，如图 5-24 所示。

图 5-24 活动记录

在**新的活动**页面，有**活动名称**、**状态**（比如重要、中等、一般等）以及**绩效目标**，这种模式类似于绩效管理中的 OKR，如图 5-25 所示。此外，经理也可以给下属创建**新的活动**，如图 5-26 所示。

图 5-25 添加新的活动

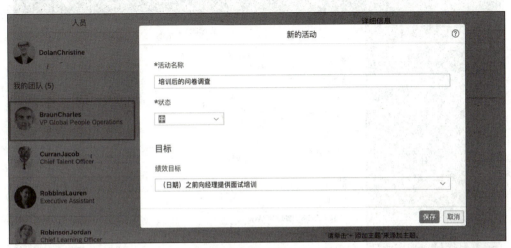

图 5-26　活动与绩效目标关联

2. 成就标注

成就指针对特定的绩效目标和活动取得的里程碑式成果,如图 5-27 所示。经理也可以给下属**添加成就**,如图 5-28 所示。

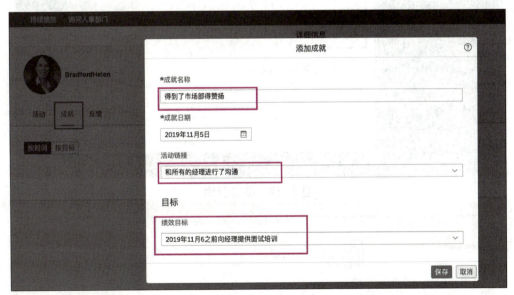

图 5-27　添加成就

3. 绩效反馈

经理可以给下属提供绩效反馈,如图 5-29、图 5-30 所示。

下属可以将上司的反馈**关联到**特定活动和成就,如图 5-31、图 5-32 所示。

此外,下属也可以向上司提出**反馈请求**,在上司主界面会出现**提供反馈**的待办事项,如图 5-33 所示。

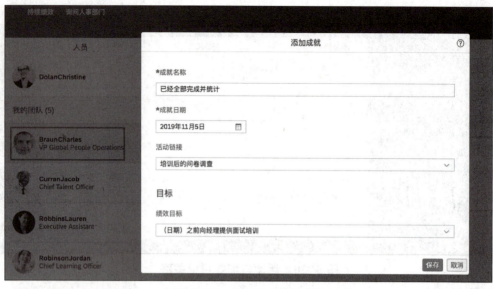

图 5-28 成就与目标关联

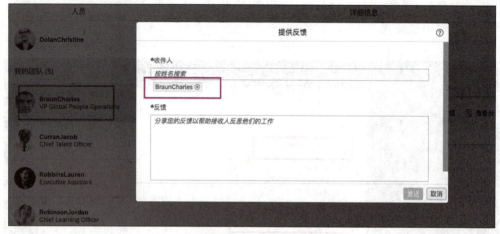

图 5-29 绩效反馈

图 5-30 绩效反馈信息

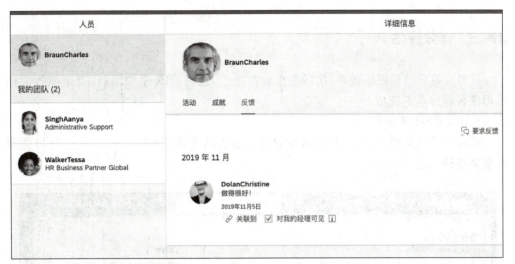

图 5-31　反馈到活动和成就中关联

图 5-32　关联完成

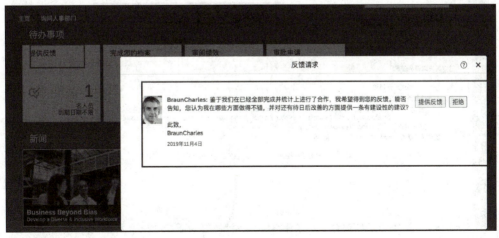

图 5-33　反馈请求

人力资源管理数字化运营

三、绩效评估

任务：设置绩效评估表单，之后表单会在员工、经理、HR 手中流转，直至绩效考核表单流转程序全部完成。

1. 启动绩效评估表单

管理员进入管理员中心，选择**绩效管理**下的**启动表单**，如图 5-34 所示。选择**类型**和**表单模板**，如图 5-35 所示。

图 5-34 启动表单

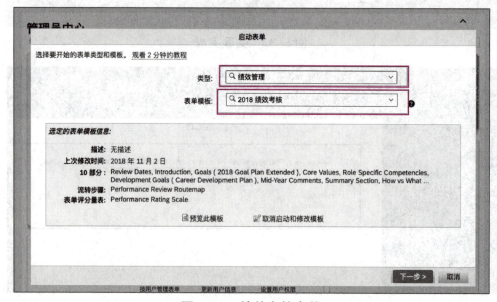

图 5-35 绩效考核表单

根据表单启动流程,填写**启动日期**、**审阅期限**、**选择员工**等面板的相关参数,即可启动表单,如图 5-36—图 5-39 所示。

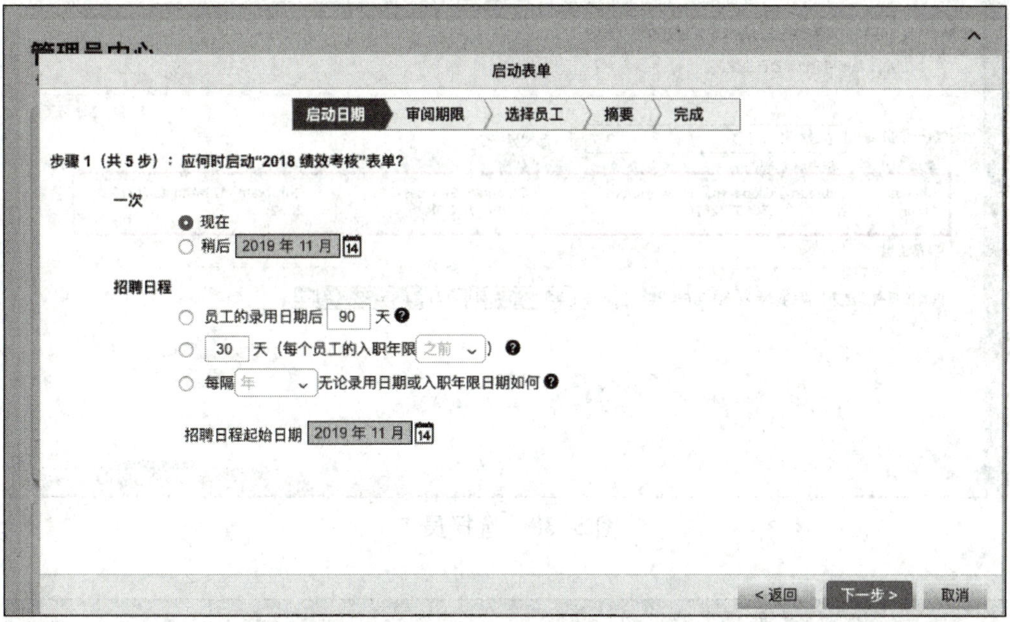

图 5-36　启动日期

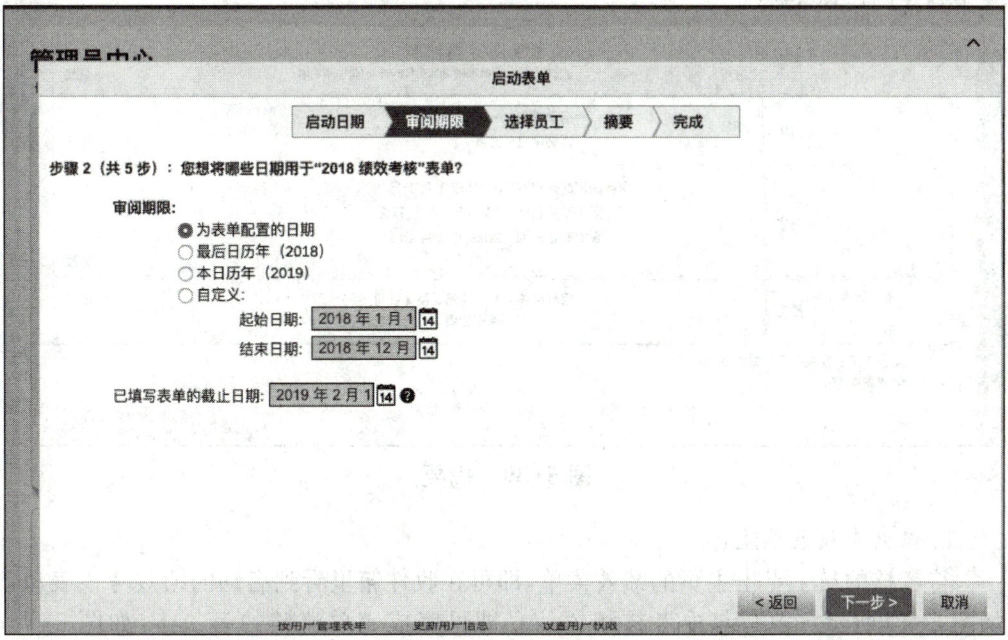

图 5-37　审阅期限

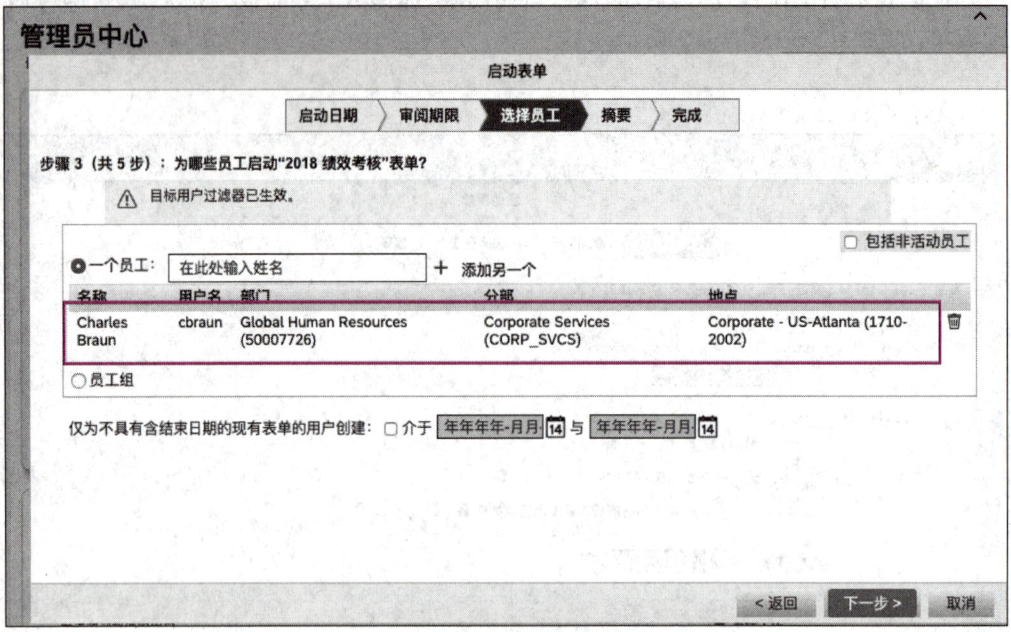

图 5-38 选择员工

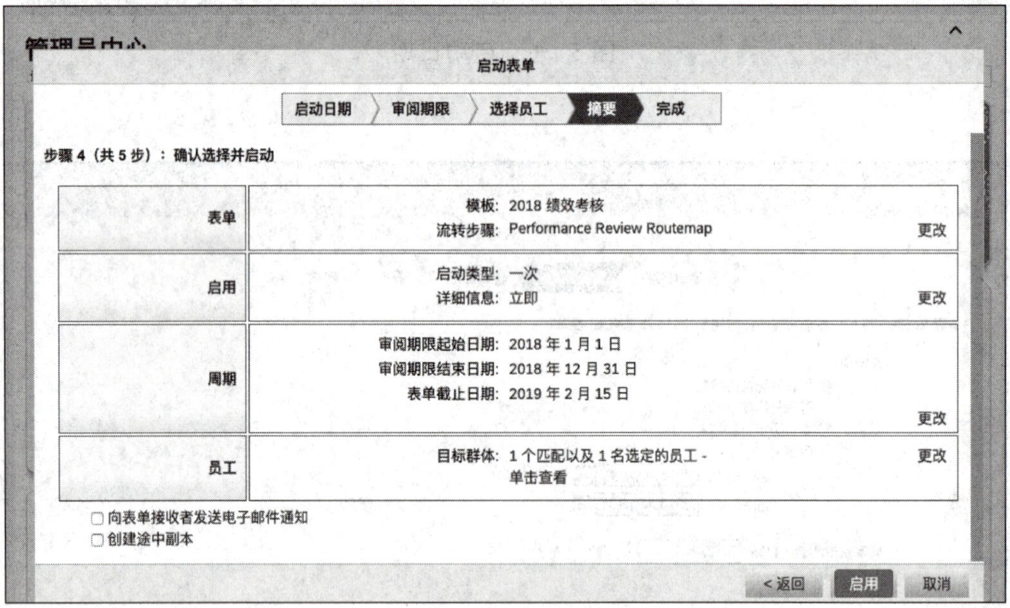

图 5-39 摘要

2. 绩效考核表单流转

待考核的员工点击主页的**绩效**菜单,即可在**收件箱**里看到启动的绩效考核表单,如图 5-40 所示。填写**年中考核**相关信息即可完成表单流转的第一步,如图 5-41 所示。

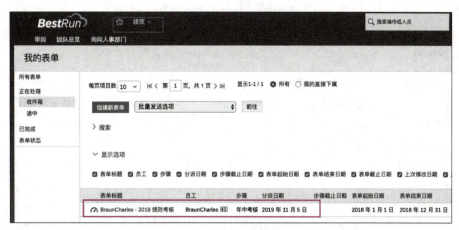

图 5-40　绩效考核表单

图 5-41　表单流转

经理填写相关信息，即可**完成年中考核**，如图 5-42、图 5-43 所示。

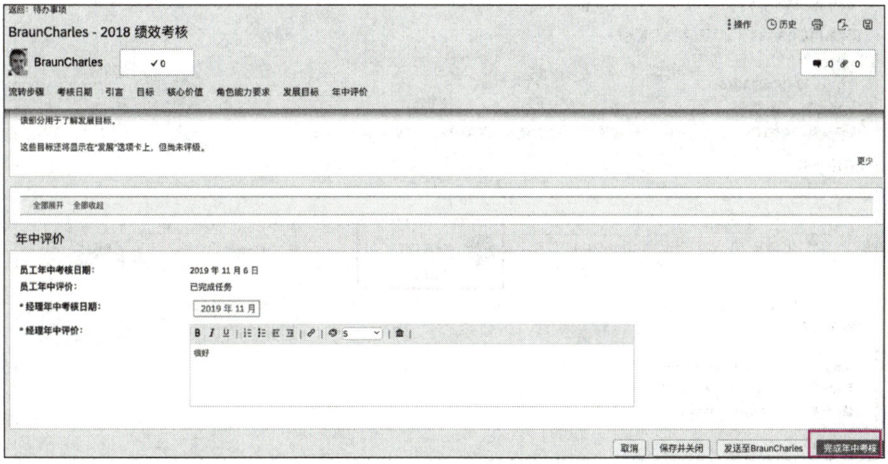

图 5-42　经理年中评价

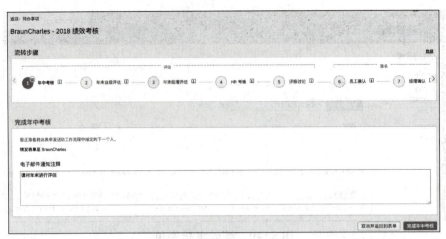

图 5-43 完成年中考核

表单流转到员工,员工填写**年末自我评估**,包括目标完成情况、能力、态度、表现情况等,如图 5-44 所示。填写完成后表单将流转到经理收件箱,如图 5-45 所示。经理对

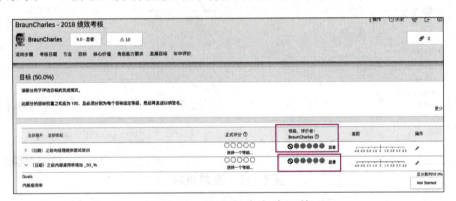

图 5-44 员工年末自我评估

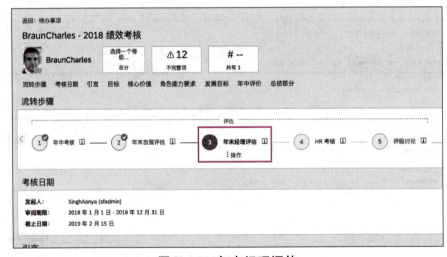

图 5-45 年末经理评估

目标完成情况以及能力态度等进行评价,然后将表单流转到 HR,如图 5-46 所示。

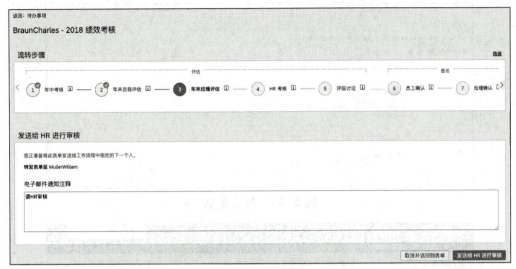

图 5-46 年末经理评估完成

HR 完成绩效评估审核后,表单将流转到经理,经理和员工进行绩效面谈,填写**综合评价**并**发送给员工**,如图 5-47 所示。员工对面谈的内容进行确认并**签名**,至此全部绩效考核表单流转程序完成,如图 5-48、图 5-49 所示。

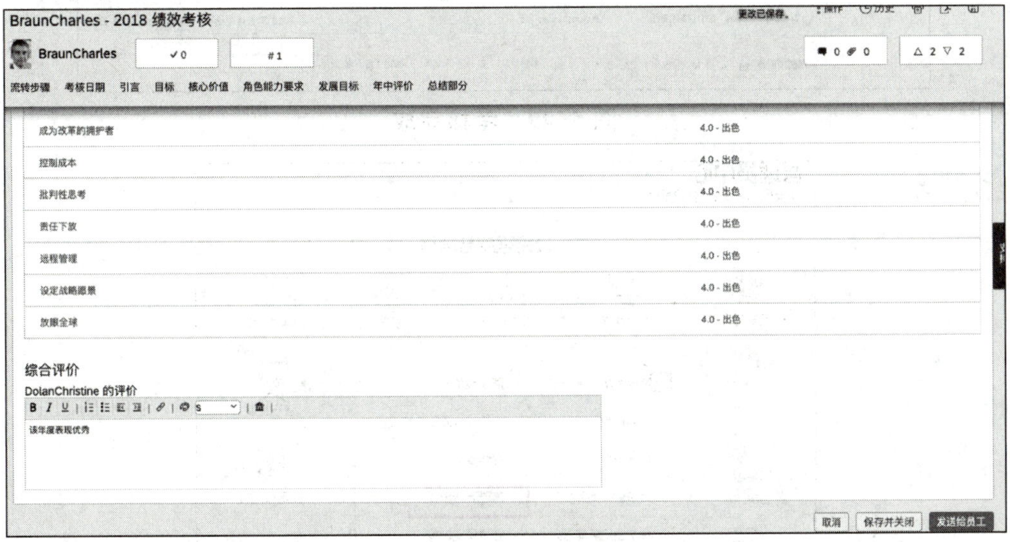

图 5-47 综合评价

3. 管理流转步骤

如果上述模板流程与实际需要不符,可灵活自定义其他评估流程。进入**管理员中心**,点击**绩效管理**模块的**管理流转步骤**,如图 5-50、图 5-51 所示。

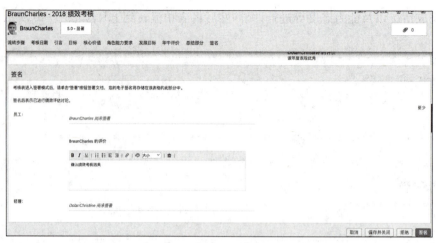

图 5-48 员工确认

图 5-49 考核完成

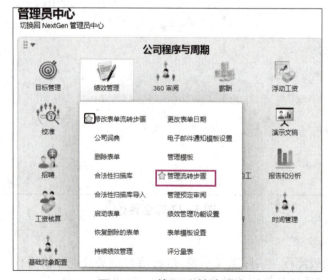

图 5-50 管理流转步骤

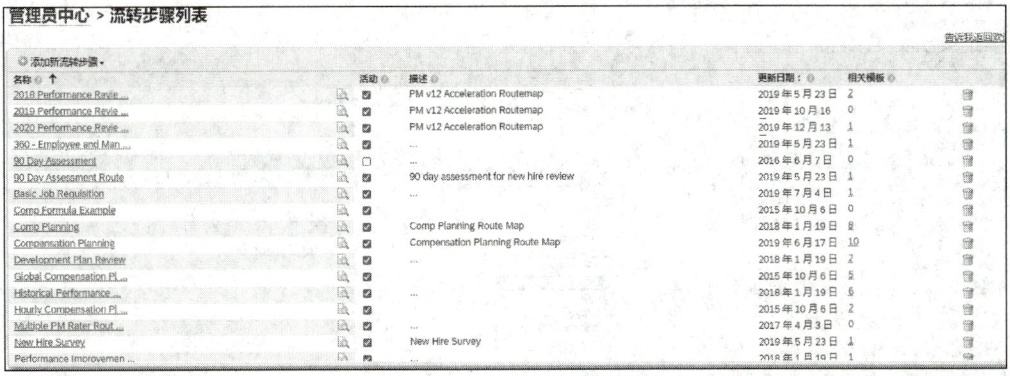

图 5-51 选择流转列表

点击需要修改的流转步骤,进入详情界面,勾选**我想个性化设置 360 审阅流转步骤中的评估阶段**,另外两个可自行选择是否勾选,如图 5-52 所示。在**修改阶段**一栏点击**+**,**创建一个新修改步骤**,然后进行**步骤配置**,如图 5-53、图 5-54 所示。同理,签名阶段也是这样设置,最后点击**保存**。

图 5-52 流转设置步骤

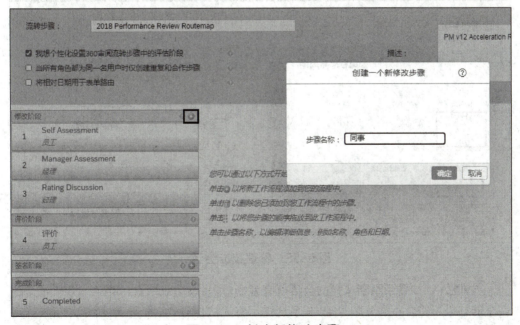

图 5-53 创建新修改步骤

113

人力资源管理数字化运营

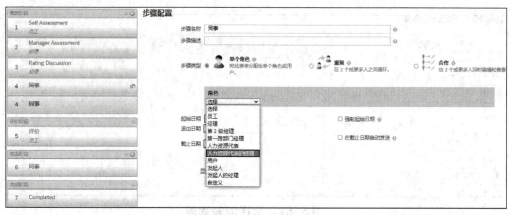

图 5-54　角色选择

四、绩效校准

任务：创建校准会话，设置校准模板，并且参考正态分布、绩效与潜力九宫格及绩效与调薪分布等因素进行多维度校准。

1. 创建校准会话

进入**管理员中心**的**校准**，点击**管理校准会话**（见图 5-55），然后在**新校准会话**页面填入**基本信息**（见图 5-56），添加参与者（见图 5-57），最后进行保存验证。

图 5-55　管理校准会话

验证激活后，登录刚刚选择的**会话所有者**账户，修改绩效结果，如图 5-58 所示。若调整的结果不符合正态分布等规则，系统提示将无法保存，如图 5-59 所示。结果确定后点击**定案**以最终保存其绩效考核的结果，如图 5-60 所示。

第五章 目标绩效管理

图 5-56 会话人员设置

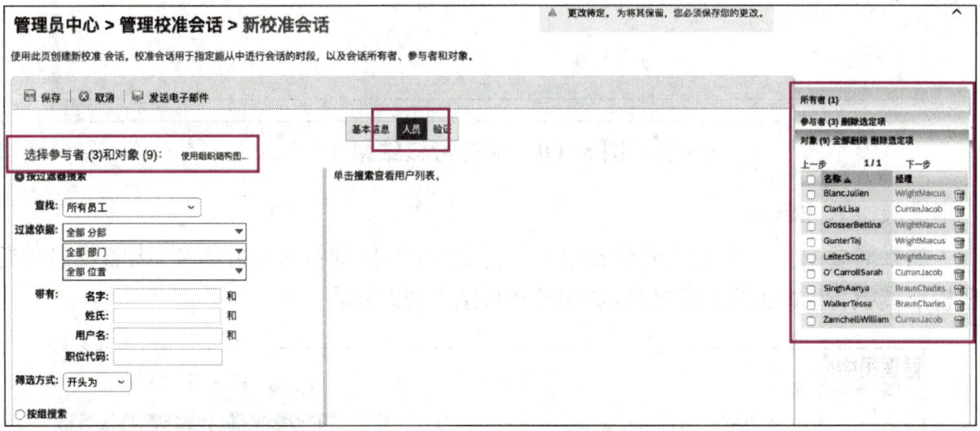

图 5-57 校准人员选择

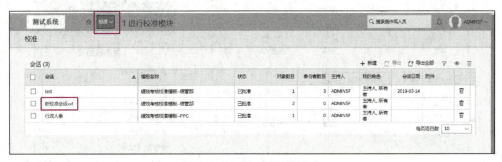

图 5-58 绩效效果校准

115

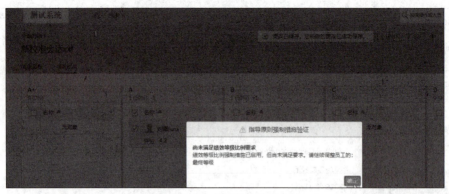

图 5-59　调整员工绩效

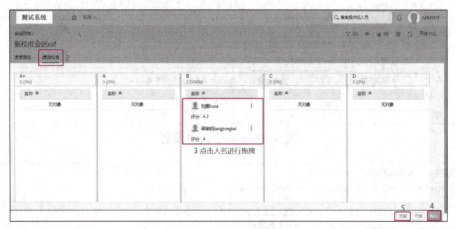

图 5-60　保存考核结果

2. 设置校准模板

如果需要对上一步骤的管理校准模板进行修改，使其符合实际需要，则需要启动**管理校准模板**，选择模板进行修改，如图 5-61、图 5-62 所示。

图 5-61　管理校准模板

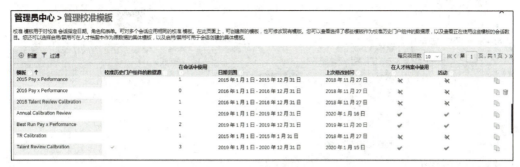

图 5-62　校准模板选项

进入模板后,根据实际需要对模板数据进行修改。可修改数据有**绩效**、**总体表单评分**、**人才标志**及**其他**,如图 5-63—图 5-67 所示。

图 5-63　模板设置校准所属步骤

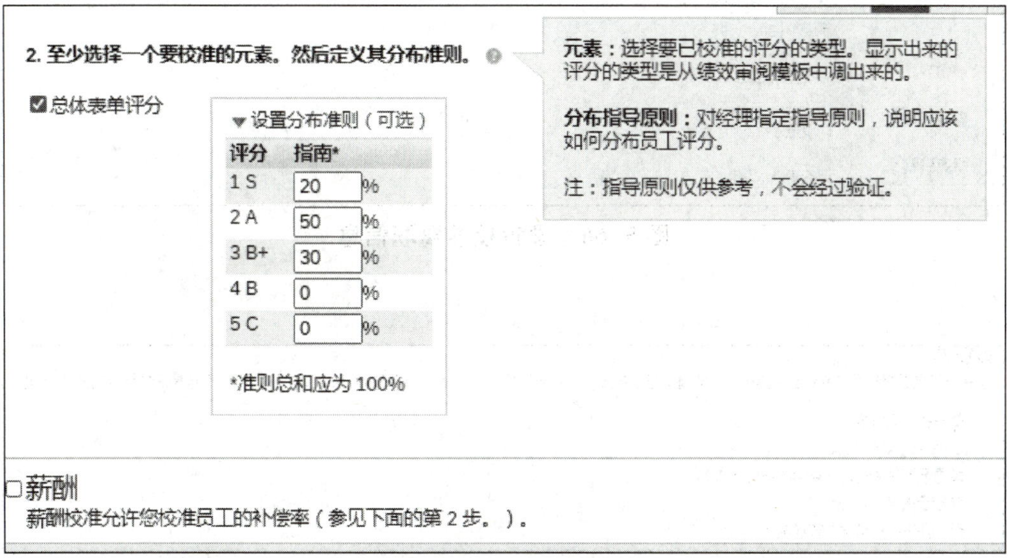

图 5-64　校准评分标准

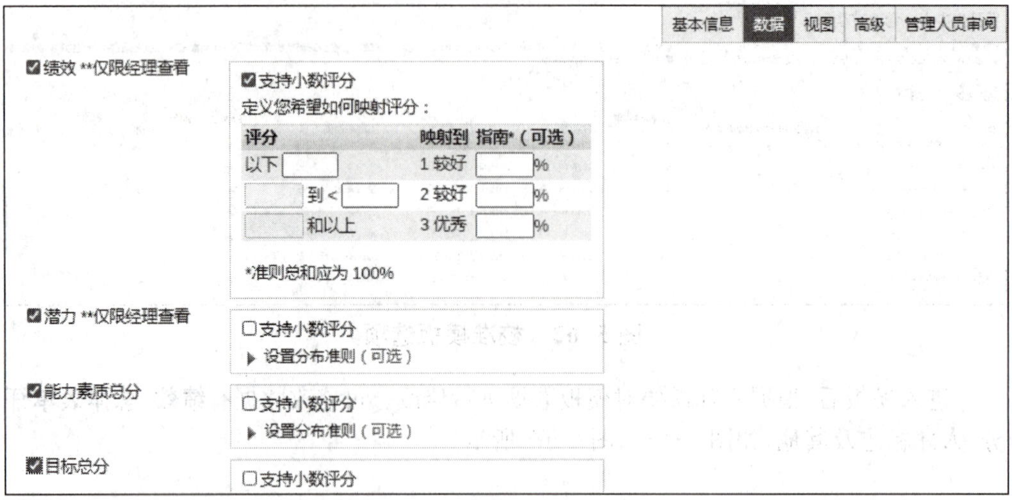

图 5-65 设置校准参数

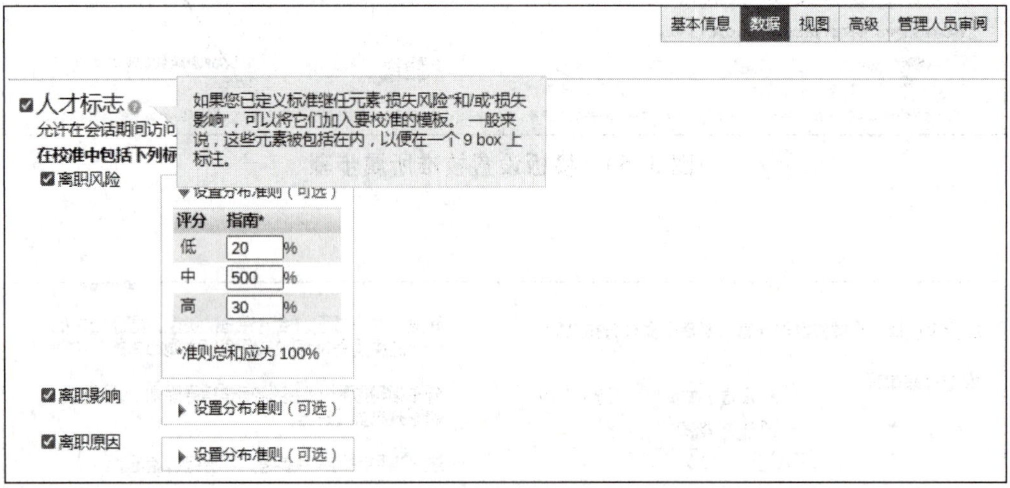

图 5-66 设置校准离职信息

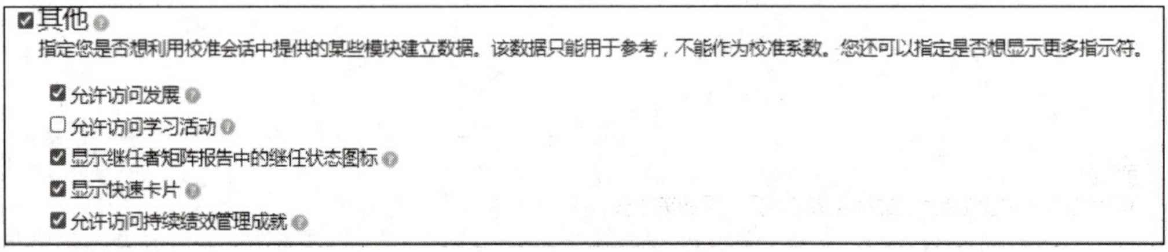

图 5-67 校准其他选项

3. 多维度校准

在下拉菜单中选择**校准**，在**信息面板**中可以看到员工整体绩效情况，如图 5-68 所示。

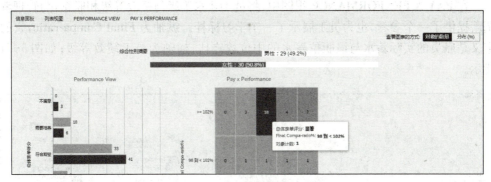

图 5-68　员工整体分布

在**列表视图**中，可以查看评估对象的基本信息，了解评估对象的绩效与潜力，也可以对其绩效评估情况进行修改，最主要的是可以看到直线经理对其的评价，如图 5-69 所示。

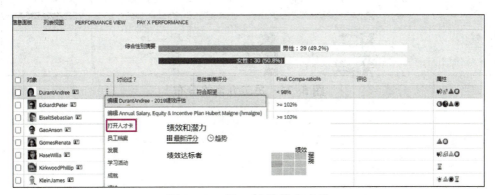

图 5-69　员工绩效信息查询

在 PERFORMANCE VIEW 视图中，将员工的绩效分为**不满意、需要培养、符合期望、出色、显著**五种，并能自动检测是否符合正态分布，如图 5-70 所示。该图表示这次

图 5-70　员工分布

整体绩效分布情况不符合正态分布。如**不满意**一栏显示+3,表示需要添加3个人;**需要培养**一栏显示-4,表示需要减少4个人。可拖动进度条查看其中有哪些员工,根据他们的评分和等级情况,选定并拖动即可对他们进行再次分配。

在 **PAY X PERFORMANCE** 视图中,将员工薪水等级与绩效等级相联系,为管理者调薪提供了一个参考,也为员工展示了一个学习标杆。纵轴为 **Final Compa-ratio**,它的定义是雇员的实际薪水与该职位薪水的中位数之比;横轴为员工绩效等级;如图5-71所示。

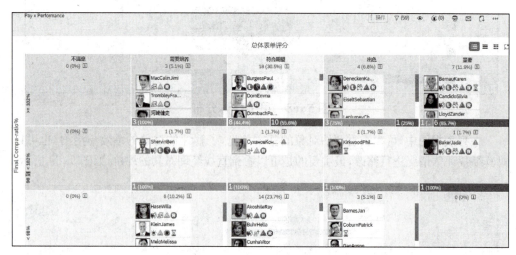

图5-71　员工九宫格分布

第六章　薪酬管理

> 学习目标

1. 理解薪酬管理的概念。
2. 了解薪酬设计流程。
3. 熟悉 SF 系统中薪酬管理的基本功能。
4. 掌握 SF 系统中薪酬管理的操作方法。

第一节　薪酬管理概述

一、薪酬管理的概念

薪酬是员工因向所在的组织提供劳务而获得的各种形式的酬劳。对于薪酬的构成，应站在总体报酬视角去理解。总体报酬可分为物质薪酬（或称经济薪酬、外在薪酬）和精神薪酬（或称心理薪酬、内在薪酬）。物质薪酬又可分为直接薪酬和间接薪酬。直接薪酬包括基本工资、津贴、奖金及奖励三部分，一般以现金形式支付；间接薪酬包括福利和股权两部分，一般以非现金形式延期支付。精神薪酬指由工作本身、工作环境和组织特征带来的愉悦和满足感等，主要是一种心理效用。精神薪酬主要可分为三块：一是关注员工的工作-生活平衡，降低其工作压力；二是赞誉与认可，帮助员工实现工作成就感；三是职业发展与机会，主要是给予员工能力提高和职业发展的机会。总体报酬各部分构成，如表 6-1 所示。

表 6-1　薪酬组成

薪酬项目		具体内容
物质薪酬	直接薪酬	基本工资 基本工资 绩效加薪/绩效工资
		津贴与补贴 地域津贴：林区津贴、寒冷地区津贴等 生活津贴：肉食补贴、出差补贴、菜篮子补贴等 劳动津贴：高温作业津贴、井下作业津贴、夜班津贴等 特殊津贴：政府特殊津贴、院士津贴、眷属津贴等

（续表）

薪酬项目			具体内容
物质薪酬	直接薪酬	奖金与奖励	项目奖金：超时奖、建议奖、节约奖、特殊贡献奖等 个人激励计划：差别计件工资计划、标准小时工资计划等 团队激励计划：收益分享计划、利润分享计划等 组织激励计划：年终分红计划等
	间接薪酬	福利	法定福利：五险一金 带薪假期：节假日、探亲假、年休假、公费旅游等 企业福利：企业年金、托儿所、优惠商品、工作午餐等
		股利	股票、股份、股票期权
精神薪酬	工作-生活有效性		灵活工作时间、宽松工作环境、免费健康咨询、关心员工、赡养对象、提供信贷支持等
	员工认可计划		口头表扬、书面表扬、授予奖品、与公司领导共进晚餐等
	学习与发展		外部培训和研讨机会、在职培训岗位轮换、工作导师、职业发展通道设计、关键职位继任计划、海外工作机会等

　　薪酬管理是在组织发展战略指导下，对员工薪酬支付原则、薪酬策略、薪酬水平、薪酬结构、薪酬构成进行确定、分配和调整的动态管理过程。薪酬管理包括薪酬体系设计、薪酬日常管理两个方面。薪酬体系设计主要包含薪酬水平设计、薪酬结构设计和薪酬构成设计；薪酬日常管理是由薪酬预算、薪酬支付、薪酬调整组成的循环，这个循环可以称为薪酬成本管理循环。

　　薪酬设计是薪酬管理最基础的工作，其目的在于为薪酬日常管理提供分配准则和操作规范。如果薪酬水平、薪酬结构、薪酬构成等方面有问题，企业薪酬管理不可能达到预定目标。薪酬体系建立起来后，应密切关注薪酬日常管理中存在的问题，及时调整公司薪酬策略，调整薪酬水平、薪酬结构以及薪酬构成以实现效率、公平、合法的薪酬目标，从而保证公司发展战略的实现。

二、薪酬设计

1. 薪酬设计原则与影响因素

　　企业设计薪酬时必须遵循一定的原则，主要包括战略导向性原则、外部竞争性原则、内部一致性原则、管理可行性原则。

　　此外，也必须考虑相关立法和企业内外部因素的影响。这关系着企业的薪酬计划能否发挥良好的效用。相关立法包括宪法、劳动法、劳动合同法、劳动行政法规和规章、地方性劳动法规和规章、国际劳工公约等。外在因素包括市场供需状况、潜在可替代物、市场工资水平、生活费用水平、企业承受能力、工会、社会文化等。内在因素包括劳动者能力与付出、职务高低、年资与工龄、工作时间、工作安全、技术训练水平、特殊行业工种等。

2. 薪酬设计流程

薪酬设计是一项复杂庞大的工程。一个高效的薪酬体系，既能有效控制人力资源成本，又能充分调动员工积极性，以实现对内具有激励性、对外具有竞争力的目的。一般来说，要设计一个科学合理的薪酬体系要经历以下几个步骤。

(1) 确定薪酬战略

企业薪酬战略的制定必须符合企业的整体战略，需要反映企业在人力资源方面的投资策略，把人力资源作为企业特殊的、最有竞争力的资源，从战略的高度，对人力资源获取、配置、开发和激励进行全局性、长远性和预见性的规划。如何从战略的角度来制定薪酬战略，具体如图6-1所示。

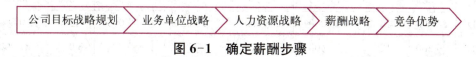

图6-1 确定薪酬步骤

(2) 进行薪酬调查

市场薪酬调查是薪酬体系设计的重要环节，可以了解到竞争对手的薪酬水平和薪酬形式(薪酬组合)。在做薪酬调查前应该考虑调查对象、调查内容、调查途径等内容，最后形成调查报告。

下面以两种方式来说明薪酬调查的过程，一种是问卷调查法，另一种是向第三方平台购买。

① 问卷调查法。考虑到调研的成本，一般只选择一些基准职位进行调查，下面以某公司的销售经理为例进行调查。调查的信息一般包含两类基本数据：目标公司的组织信息；每个任职者的具体薪酬数据。表6-2为调查问卷的一个示例。

表6-2 销售经理市场薪酬调查问卷

基本信息						
职位		年龄		学历		工作年限
员工薪酬项目						
固定收入项目	基本月薪		年度月薪数量		年度基本月薪现金收入总额	
	月度补贴		补贴月数		年度补贴总额	
	其他固定收入					

（续表）

变动收入项目	平均月绩效收入	平均月度提成	
	其他变动收入		
福利项目	年度福利收入总额		

将问卷发放给多家企业并回收以整理各企业销售经理原始数据表，如表6-3所示。

表6-3 销售经理市场薪酬数据统计表

企业名称	基本月薪收入	年度月薪数量	年度基本现金收入总额	年度补贴收入总额	年度固定现金收入总额	年度变动收入总额	年度福利总额	年度总薪酬
A	4 300	14	60 200	900	61 100	15 000	3 600	79 700
B	4 700	12	56 400	500	56 900	16 000	2 400	75 300
C	5 500	13	71 500	900	72 400	9 500	1 800	83 700
D	16 000	16	256 000	3 000	259 000	31 000	500	290 500
E	6 200	12	74 400	600	75 000	9 000	3 000	87 000
F	7 500	13	97 500	1 200	98 700	14 000	1 000	113 700
G	7 800	12	93 600	1 000	94 600	11 000	800	106 400
H	8 300	13	104 000	700	104 700	10 000	1 000	115 700
I	8 300	13	107 900	500	108 400	9 800	1 200	119 400
J	8 500	12	102 000	900	102 900	10 500	2 000	115 400
K	9 000	12	108 000	1 600	109 600	13 000	3 000	125 600

对于明显过高或过低的薪酬数据可以予以剔除，比如可以剔除掉D公司的数据，然后将剩下的公司的薪酬从低到高进行排列，如表6-4所示。

表6-4 各公司针对某岗位的薪酬排序

序号	1	2	3	4	5	6	7	8	9	10
企业名称	B	A	C	E	G	F	J	H	I	K
年度总薪酬	75 300	79 700	83 700	87 000	106 400	113 700	115 400	115 700	119 400	125 600

在Excel表中插入percentile函数，依次在函数中输入0.1、0.25、0.5、0.75、0.9、1六个数值，得出10分位、25分位、50分位、75分位、90分位、100分位对应分位值，如图6-2所示。

图 6-2　某岗位薪酬分布

以此类推，可以对其他薪酬项目和岗位进行类似的统计分析，最终得出符合自己公司需要的市场薪酬报告。

② 向第三方公司购买。考虑到自己调查会产生不菲的调查成本，一般会选择向第三方公司购买市场薪酬信息。一种简便的方式是使用基于云服务的公司的调查数据，比如"太和司南"和"薪智"等。

（3）确定薪酬总量

对于任何企业来讲，薪酬预算都是必需的。有效的薪酬预算能帮助企业评估和控制人力资源合理的投入和产出。有效控制薪酬预算，不是具体控制个人的薪酬水平，而应该控制薪酬总量。常用的薪酬总量确定方法有三种：简单预算法、累加预算法、经营业绩比率法。

① 简单预算法。简单预算法就是根据过往薪酬总量及人数变化、薪酬增长情况进行简单预算的一种方法。其计算公式为

$$K = Fx(1+r) + nMS$$

其中，K 表示下年度薪酬总额预算值；F 表示上年度实际支出的薪酬总额；r 表示企业薪酬的平均增幅；n 表示下年度可能增加的人数；M 表示上年度企业员工的年平均工资。

在简单预算法的计算公式中，r 和 n 都是预测的，带有很大的主观性，因此其预算的误差往往比较大。

② 累加预算法。累加预算法比较复杂，就是将企业全部员工未来一年的薪酬累加计算，确定未来一年薪酬总量。其计算公式为

$$K = \sum_{i=1}^{12}(\sum T_m) \times (1+B)$$

K 表示下年度薪酬总额预算值；$i=1,2,\cdots,12$（表示12个月份）；$\sum T_m$ 表示某一个月有 m 个人月薪的总和；B 表示企业利润的实际增长率（但一般企业所选择的增长幅度实际上比 B 要小一些）。

累加预算法必须对企业未来一年的人数进行预测，准确性较高，为大多数企业所采用。

③ 经营业绩比率法。

经营业绩比率法就是高级管理者对未来经营业绩进行预测，根据人工费用比率确定薪酬总量。其计算公式如下。

人工费用比率＝薪酬水准/人均销售额

＝（上年度薪酬总量/员工总人数）/（上年度销售总量/员工总人数）

＝（本年度薪酬总量/员工总人数）/（本年度销售总量/员工总人数）

则本年度薪酬总量 $K=\left(\dfrac{本年度预期销售总量}{上年度实际销售总量}\right)\times$ 上年度薪酬总量

（4）确立薪酬体系

企业采取的政策不同，关注的重点不同，则形成的薪酬体系也会不同。一个企业在考虑薪酬的构成因素时，往往会综合考虑四个方面的因素：职位在企业中的价值、任职者的能力、岗位的绩效、员工的市场价值（见图6-3）。对应这四个因素，有四种主要的薪酬体系，即以职位为基础的薪酬体系、以任职者为基础的薪酬体系、以绩效为基础的薪酬体系、以市场为基础的薪酬体系。

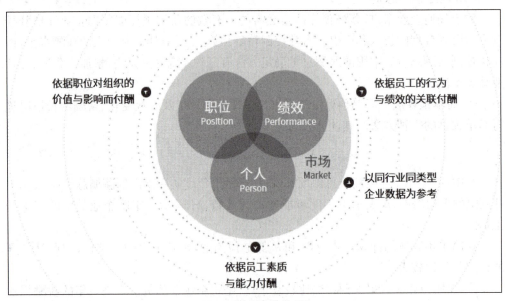

图6-3 付薪依据

① 以职位为基础的薪酬体系。以职位为基础的薪酬体系是指企业根据每个职位的相对价值来确定薪酬等级，通过市场薪酬调查分析确定每个等级的薪酬幅度。

这种薪酬体系的支付依据是员工所处职位的重要性,即职位在企业中的相对价值。企业在采取以职位为基础的薪酬体系时,应同时具备以下几个条件:员工对组织的价值主要体现为职位价值;职位内容明确化、规范化和标准化;职位较为稳定,短期内不会发生变动;能够对员工能力和职位进行合理匹配;金字塔形的组织模式。

② 以任职者为基础的薪酬体系。以任职者为基础的薪酬体系是在企业适应知识经济时代的要求和解决成长发展的一系列问题时逐步兴起的,是一种尚未成熟的薪酬体系。它不是根据职位价值的大小,而是根据任职者所具备的与工作有关的知识、技能的高低来确定员工的薪酬水平。基于这些因素,以任职者为基础的薪酬体系又可细分为技能薪酬体系和能力薪酬体系。这种薪酬体系的适用范围有一定局限性,就企业的性质来说,它适用于以知识为主要竞争力的企业,对大多数传统企业并不十分实用;就职位类别来说,它适用于研发类和技术类人员,对于管理类人员和一般的操作人员来说,以职位为基础的薪酬体系更为适宜。

③ 以绩效为基础的薪酬体系。以绩效为基础的薪酬体系是指员工的薪酬随着个人、团队或者组织绩效的某些衡量指标的变化而变化。该薪酬体系的支付标准是业绩,因而有助于激励员工调整自己的行为,从而促进组织目标的实现。企业在选择以绩效为基础的薪酬体系时,应注意以下几个问题。

一是要具有完善的绩效考评体系。以绩效为基础的薪酬体系以员工、团队、组织的业绩为支付标准,因此,如果没有科学合理、公平完善的绩效考核体系,薪酬激励的作用就很难发挥。

二是注意绩效评价的层次性。即员工的绩效评价是以个人绩效、团队绩效或者组织绩效为评价基础,在设计时应该对三者进行综合考虑,并进行恰当的比例分配。

三是保持一定的动态性。绩效考核的标准会随企业经营目标、外部环境及工作内容等的变化而不断变化。因此,以绩效为基础的薪酬体系需要不断修正和调整,以保持与组织的目标一致。

④ 以市场为基础的薪酬体系。以市场为基础的薪酬体系根据市场价值来确定员工价值,从而确定员工薪酬。它不是独立存在的,而是要依附于前面提到的三种薪酬体系。企业薪酬水平低于市场薪酬水平,就很难吸引人才及留住人才;企业薪酬水平过高,则会为企业带来过重的成本负担。因此,企业在设计薪酬体系时,需要以市场价值作为参考依据。

(5) 构建薪酬模块

① 基本工资设计。基本工资作为一种相对稳定的收入,主要包括职位工资、能力工资、绩效工资、谈判工资等,主要保障员工基本生活需要。一般来说,员工基本工资的标准取决于以下几个因素。首先是员工的生活费用,如果薪酬不能够让员工维持基本的正常生活,员工肯定会另谋出路。其次是同地区同行业的市场行情,如果公司的基本工资低于其他公司的同等水平,招聘难度会增大。另外,新员工的工作能力也非常重要,在满足前两个条件的基础上,新员工工资应该尽量与公司同等能力的老员工持平,考虑到工作年限的差异,可以比老员工低一些。

②津贴与补贴设计。津贴与补贴作为一笔小额补偿,主要体现企业对艰苦劳动的提倡。它会随着企业效益、工资水平、物价水平等客观因素的变化而做出相应的调整甚至取消。如节日补贴、餐饮补贴具有较低的刚性,但是它一旦作为一种制度确定下来,就必须对从事同一种工作的员工一视同仁,不论其绩效高低,都要做出相同条件的补偿,因而其具有低差异性。

③奖金设计。奖金是整个薪酬体系中最具激励性的部分。综合目前企业界的实际情况,奖金发放的依据通常为个人表现、团队或小组表现、企业整体表现,并由这三种不同的发放依据衍生出三种不同的奖励方式,即员工个人奖励方式、团队奖励方式和企业全员奖励方式。为了充分有效地发挥奖金的激励作用,企业在设计与发放奖金时应充分考虑三个问题:"奖励什么""奖励多少""如何奖励"。

④福利设计。为员工创造良好的福利是企业以人为本经营思想的重要体现,也是政府一直大力提倡的。良好的福利制度不仅可以吸引优秀的外部人才,还可以提高员工的士气,增强企业的凝聚力。企业在进行福利设计时,应该注意福利计划的灵活性,如实施"弹性福利计划",让员工自己选择适合自己的福利方案。企业在发放福利时,还应该注意福利信息的传递,让员工了解所获福利的价值,有利于提高员工对福利的满意度。

⑤股权设计。股权是一种以股东权益为基础的薪酬,发达国家的多年实践证明,股权激励是一种有效的长期激励方式。它可以让员工享有一定的剩余索取权并承担一定的风险,从而将员工个人利益与企业整体利益相联结。常见的股权激励模式有:股票期权、虚拟股票、限制性股票、管理层收购等。这些模式各有其适用的范围和局限性,企业应该根据自身的情况来选择合适的模式。

⑥精神薪酬设计。精神薪酬是对员工精神世界上的主动关照,表现了对员工尊严和价值的肯定及终极关怀。精神薪酬能够在较高层次上调动员工的积极性,激励程度大,效果维持时间长。越来越多的企业意识到精神薪酬的重要性,作为精神薪酬的表现的企业文化近年来得到很大的发展。企业在设计与支付精神薪酬时,应注意针对不同员工的不同需求。

(6)设计支付方式

薪酬支付方式不同,激励效果也会不同。按照工作时间、工作效率、员工业绩和企业利润四个要素可以将薪酬的支付方式概括为计时薪酬方式、计效薪酬方式、业绩挂钩薪酬方式和利润挂钩薪酬方式。

①计时薪酬方式。计时薪酬指报酬与工作时间直接相关,可以分为小时薪酬、周薪酬和月薪酬。计时薪酬受工作评价的影响较多,它注重工作本身的价值,而不是员工在此岗位上所表现出的能力的价值,或是业绩的质量或数量。因此,计时薪酬对员工缺乏激励效果,但是它可以保证员工有稳定的收入。并且,由于计时薪酬便于检查,从同工同酬的角度出发具有一定的公平性。

②计效薪酬方式。计效薪酬是将薪酬与员工个人的产出量直接相关。计效薪酬的前身是计件薪酬,即将薪酬与生产产品的个数挂钩,这在制造业中十分常见。如每件产品薪酬为1元,一名工人生产了100件产品,他的薪酬就是100元。虽然计效薪酬对

员工的激励效果十分明显，但当工作的产出不易衡量时，用计效薪酬是不明智的，而且计效薪酬很容易使产品质量出现问题。

③ 业绩挂钩薪酬方式。业绩挂钩薪酬不只考虑工作产出，还关注实际工作效果。员工个人的业绩是依照预先设定的目标，或是对比岗位描述中所列的各项任务，利用业绩评估手段进行测量然后根据评估结果发放薪酬。企业在实行业绩挂钩的支付方式时，需要满足以下一些条件：

A. 员工之间的业绩有显著差异；
B. 薪酬范围应足够大，以便拉开员工薪酬的差距；
C. 评估人员拥有熟练技能设定业绩标准，并操作评估过程；
D. 企业文化支持业绩挂钩薪酬；
E. 报酬水平既有竞争性、又不失公平，企业在薪酬与业绩挂钩方面富有经验；
F. 经理及下属之间相互信任，经理人员应该做好充分准备，针对业绩指标进行积极的交流，共同面对困难、解决问题。

④ 利润挂钩薪酬方式。企业可以在现有薪酬的基础上，将利润与薪酬挂钩，以部分超额利润作为奖金。这样可以使薪酬成本更加明晰，员工也会受到激励更加努力工作，经营好时分享收获，经营差时共担风险。企业也应设计相应的方式使员工利益在利润下降时受到保护。利润挂钩薪酬并不是对所有公司都有效，它对那些员工收入水平较低、纳税较少的公司，或是利润变化很大、无法预测的公司都不太适合。企业在发放薪酬时，不仅要选择恰当的支付方式，还应该掌握一定的支付技巧，这样能够使得薪酬激励起到事半功倍的效果。薪酬支付要注意以下几点。

一是按被支付者的需要和喜好的形式进行奖励。如奖励给有子女的员工儿童餐券，奖励给爱好足球的员工足球决赛的门票等。

二是注意支付的时机。普通薪酬要抓住令人高兴、又需要消费的节假日前的时机发，如年终奖在春节前发放比在春节后要更具激励效果。对特殊成就的特殊奖励要及时发放。

三是支付的数量大小要符合业绩。每一笔付出的薪酬，都要与员工最近的业绩和表现直接相关，否则就大大降低了该笔薪酬的激励作用。

四是支付方式公开化。薪酬，特别是奖金的发放，实际是在精神上和物质上的双重奖励，应该公开发放，这样被奖励的人会有一种自豪感。

五是奖励方式多样化。对同一个人在不同情况下进行奖励，方式最好也要有所变动，因为人的需求是多样和变化的，好的管理者应该发现并跟上这种变化。

（7）修正薪酬体系

薪酬体系不能一劳永逸。世界上并不存在绝对公平、有效的薪酬体系，只存在员工满意或不满意的薪酬体系。在制定和实施薪酬体系过程中，及时沟通、不断进行纠偏、必要的宣传或培训是保证成功的关键因素。企业薪酬体系在运行一段时间以后，随着企业经营环境的变化，现行的薪酬体系往往难以适应企业的发展。这时，企业就必须对现有的薪酬体系进行修正与调整。薪酬的修正与调整要有明确的制度规定,不能随心所欲地调整薪酬。人力资源部可以利用座谈会、满意度调查、内部刊物、BBS论坛、QQ群等形式,充分介绍公司的薪酬制度及其依据。

三、SuccessFactors薪酬管理

SuccessFactors薪酬激励管理帮助企业执行根据绩效来激励和奖励团队和人员的战略,确保实现真正意义上的按劳取酬文化。它具有以下特征。

① 按劳取酬文化:通过客观、透明的流程将薪酬和绩效联系在一起。

② 个性化酬劳:根据绩效结果,对高绩效团队和人员进行奖励,包括提成、加薪、奖金、股票和提拔等,实现对高绩效人员的保留和发展。

③ 合理调薪:根据薪酬等级、绩效等级、薪酬比较比率以及个人的薪酬在薪酬范围中的水平等指导性数据,综合多种因素来进行更客观的薪资调整。

SuccessFactors有独特的薪资计算流程,由薪资主数据、薪酬操作中心及后续流程三部分构成。其中薪酬主数据是指员工进入公司后的基本信息,如员工个人信息、职级、薪资、工龄等。在整个薪资核算期间,通过验证主数据和模拟薪资结果验证薪资数据。为特定人员设定相应的规则,规则用于特定领域(例如税、扣减和工资总额等)以验证薪资核算结果。具体薪资计算流程如图6-4所示。

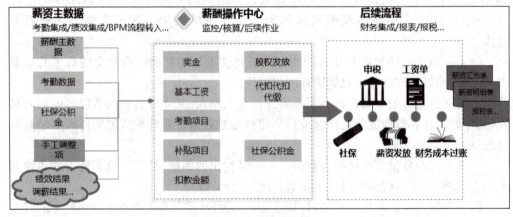

图6-4 薪酬体系

第二节 薪酬管理模块应用

一、查看薪酬信息

任务:查看员工的薪酬信息,如工资报表和税收栏、各个年份的全面薪酬明细。

1. 选择查看员工

进入账号主页,点击**账户导航选择器**,选择**即时代理**(见图6-5),然后会弹出**选择目标用户窗口**(见图6-6),输入想查看的员工名字即可。

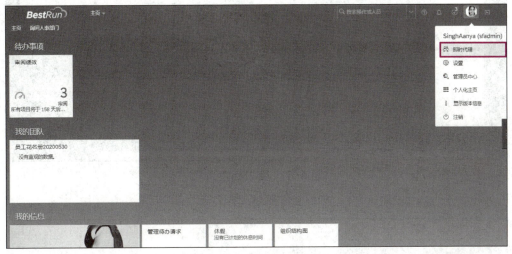

图 6-5　设置代理用户

图 6-6　输入目标用户

2. 查看薪酬相关信息

选择好查看员工之后,网页会跳转到该员工主页,点击主页栏里的**员工档案**(见图6-7),进入员工档案后,选择**薪酬**,就会出现员工薪酬信息(见图6-8)。一开始薪酬信息是隐藏的,点击**显示**,就会全部显示出来。

点击**工资报表和税收栏**,会弹出如图6-9所示的界面,相关信息一览无余。如果需要更详细信息,可登录到SAPHCM的薪酬计算模块,如图6-10所示。

如果要查看薪酬明细相关内容,则需跳转到**工资单信息**栏(见图6-11),在薪酬明细框内,有不同年份的薪酬明细(见图6-12)和个人合并明细(见图6-13)可供员工查看。

人力资源管理数字化运营

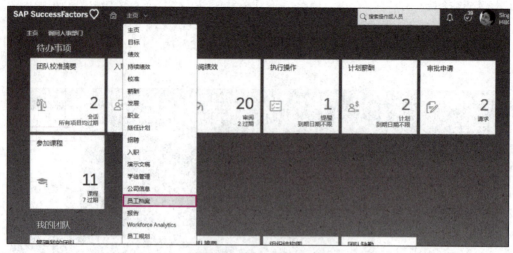

图 6-7　员工档案选项

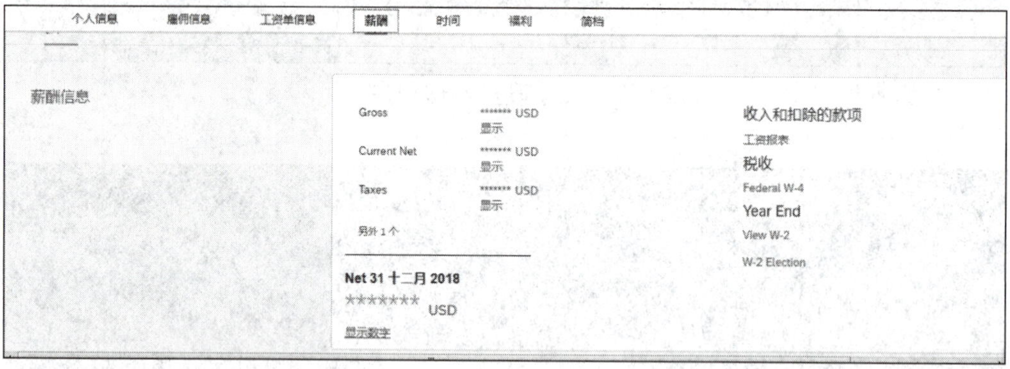

图 6-8　薪酬显示

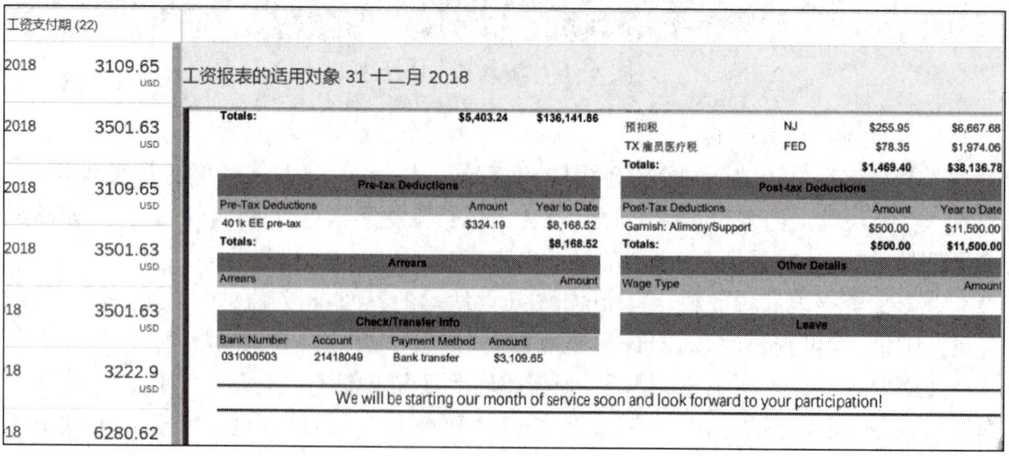

图 6-9　薪酬详细信息

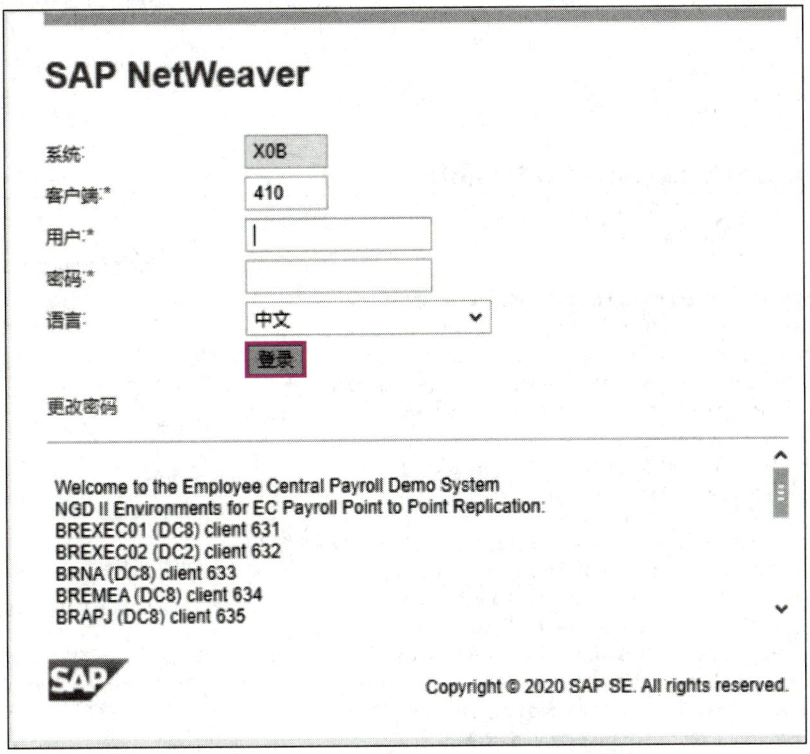

图 6-10　与 SAPHCM 薪酬计算模块联动

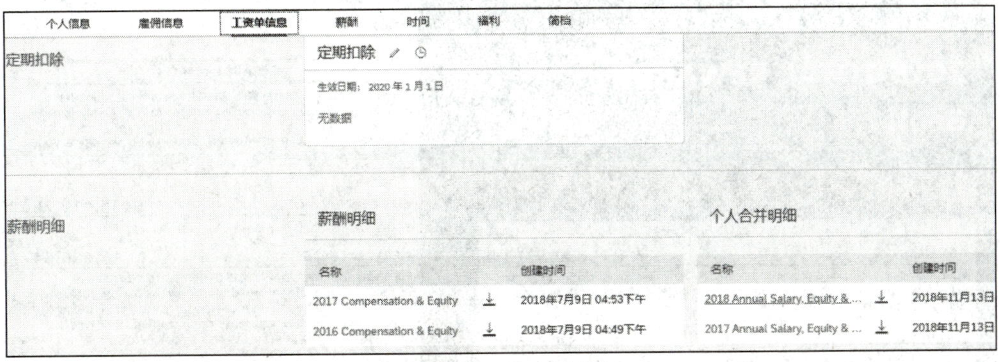

图 6-11　工资单信息

人力资源管理数字化运营

Name: Hill, Geoff
Employee ID: 802981
Location/Dept: New Brunswick
(1710-2009)/Production US
(50150011)
Job Title: Production Director

Success Factors

2017 Compensation Statement

Dear Geoff Hill,

The BestRun team extends to you best wishes for an exceptional 2017. This year we've continued our 100% growth rate and partnered with more than 350 customers to help them align employee performance with bottom-line business results. Our unwavering focus on outrageous customer success will continue in 2017 as we innovate, enhance, and expand our world-class Talent Management application suite with a singular goal of delivering maximum value to our customers.

Your personalized performance rewards statement is one way we are able to recognize your contributions to our company. Talented, high-performing associates will be especially critical in the coming year to realize the accelerated growth opportunities presented by the market. It is important that you understand how you can contribute to this effort. If you have not already done so, please take time to have a candid discussion with your manager regarding your performance and goals.

Performance Results	
Comp Rating	4.0
Current Salary/Rate	$5,176.54
Merit	$155.30
Extra2	$70.67
Total Raise	$225.97
Total Raise %	4.37%
Final Salary Rate	$5,402.51

Bonus Awards	
Lump Sum	$2,250.00

图 6-12　薪酬明细

图 6-13　合并明细

二、更改薪酬信息

任务：代理团队主管，对员工的职位和薪酬信息、即时奖金进行修改设置。

1. 组织结构

要调薪的员工在 SuccessFactors 中的架构如图 6-14 所示。

2. 修改职位和薪酬信息

团队主管可以对直接下属进行薪酬更改。在**主页**找到**我的团队磁贴**，选择**执行操作**里的**修改职位和薪酬信息**，填写相关信息，如图 6-15—图 6-17 所示。

薪酬金额可以用计算器自动换算，操作快捷准确。更改的频率周期多种多样，不光可以对员工基本工资进行更改，还可以有其他选择，只要点击**添加**，就能对多项工资进行更改，如图 6-17 所示。更改完成后，点击**保存**，会弹出确认请求，如图 6-18 所示。

图 6-14　组织结构

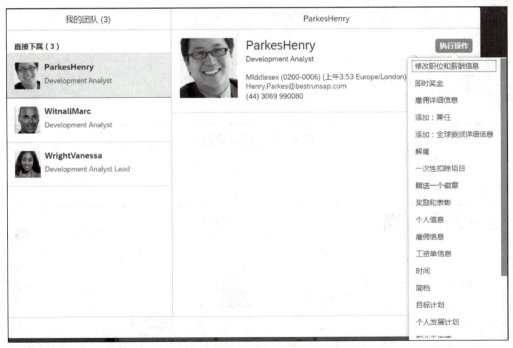

图 6-15　修改职位薪酬

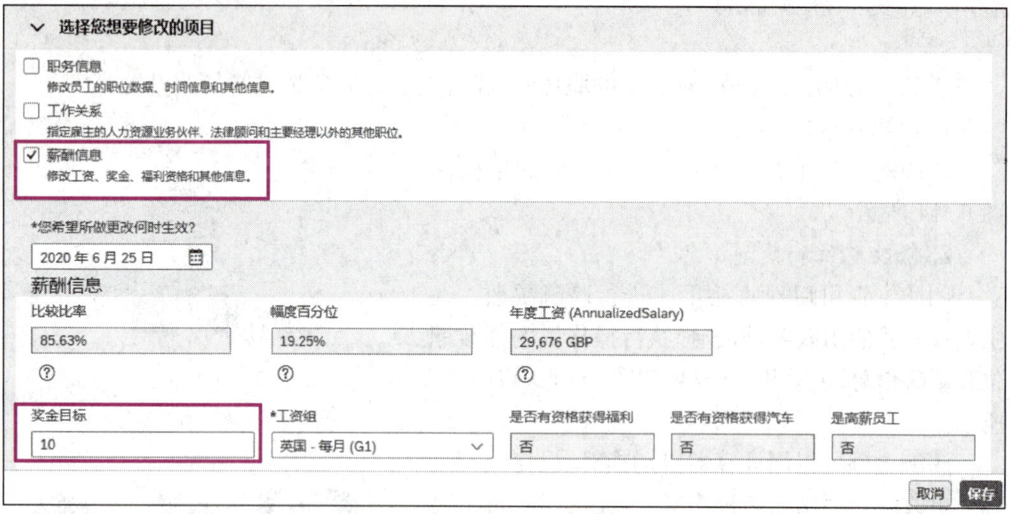

图 6-16　薪酬选项

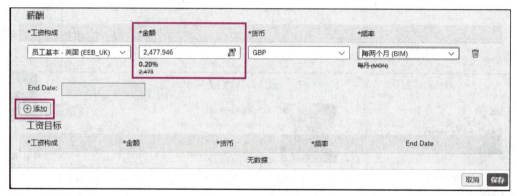

图 6-17　薪酬修改

图 6-18　薪酬调整

图 6-19　薪酬调整审批

3. 即时奖金修改

除了可以修改薪酬信息,还可以对即时奖金进行修改。选择图 6-15 中的**即时奖金**,就会弹出**即时奖金- Parkes Henry** 窗口,如图 6-20 所示。保存之后,也会出现如图 6-19 的确认请求。

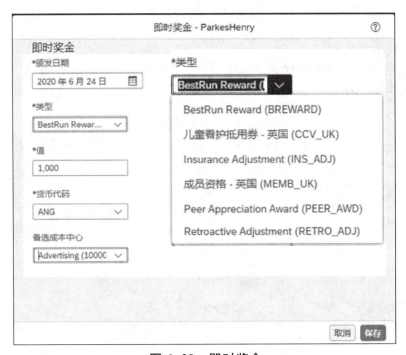

图 6-20　即时奖金

三、团队奖励发放

任务：代理团队主管对团队成员进行奖励发放操作。

1. 进入 BestRun Rewards 模块

在主页下拉菜单中选择**薪酬**选项，跳转到**薪酬**页面，选择顶端的**奖励和表彰**，之后点击 **BestRun Rewards** 磁贴，如图 6-21 所示。

图 6-21　团队激励

2. 团队奖励发放

进入 **BestRun Rewards** 模块后，进行**匹配、类别、级别、金额、描述、摘要**六个步骤的操作，完成团队奖励发放，如图 6-22—图 6-27 所示。

图 6-22　匹配

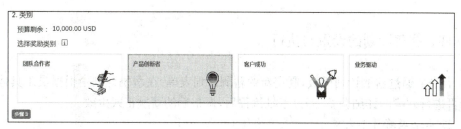

图 6-23　奖励类别

图 6-24　奖励级别

图 6-25　奖励金额

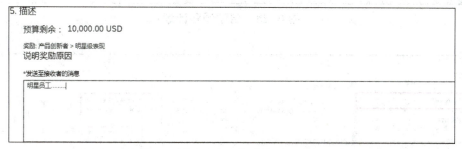

图 6-26　奖励描述

图 6-27　奖励摘要

四、调薪计划的设置与执行

任务：通过薪酬计划模板，制定新的薪酬计划表单，在薪酬计划中根据员工具体情况，再进行薪酬的详细调整，经过审批流程后，调整后的薪酬正式生效。

1. 启动调薪计划表单

在下拉菜单里找到**管理员中心**，选择**薪酬**，点击进入**薪酬主页**，如图 6-28 所示。点击添加新的总薪酬计划，用户也可选择添加其他计划，如图 6-29 所示。**薪酬主页**左端

图 6-28　启动调薪计划

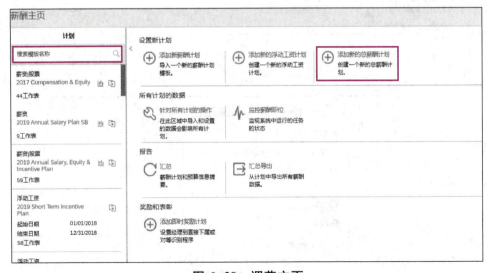

图 6-29　调薪主页

的**计划**栏中是一些模板,选用后会出现如图 6-30 的调薪模板页面。

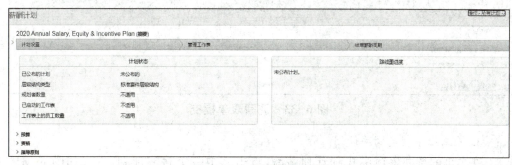

图 6-30　薪酬计划摘要

2. 调薪计划初步设置

根据调薪表单模板,进行**计划设置**、**管理工作表**、**结束薪酬周期**三个环节的调整,对调薪计划进行初步设置,如图 6-31—图 6-33 所示。

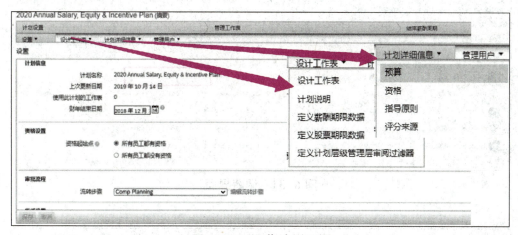

图 6-31　调薪计划设置

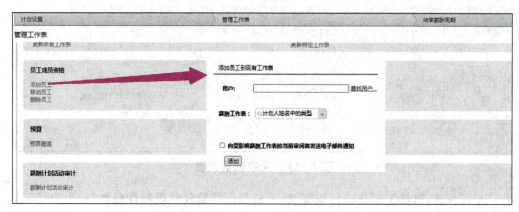

图 6-32　添加员工

[图 6-33 调薪表单提交]

图 6-33 调薪表单提交

3. 员工领导制定调薪计划

在主页的**待办事项**中找到**计划薪酬**，点击其中一个薪酬计划，进入如图 6-34、图 6-35 所示页面。在**调整**一栏，可根据**预算**对计划中不合适的薪酬进行调整。除了考虑预算因素，还可以根据员工的绩效情况、雇佣信息、当前工资信息和市场工资范围等因素来调整薪酬计划，如图 6-36 所示。

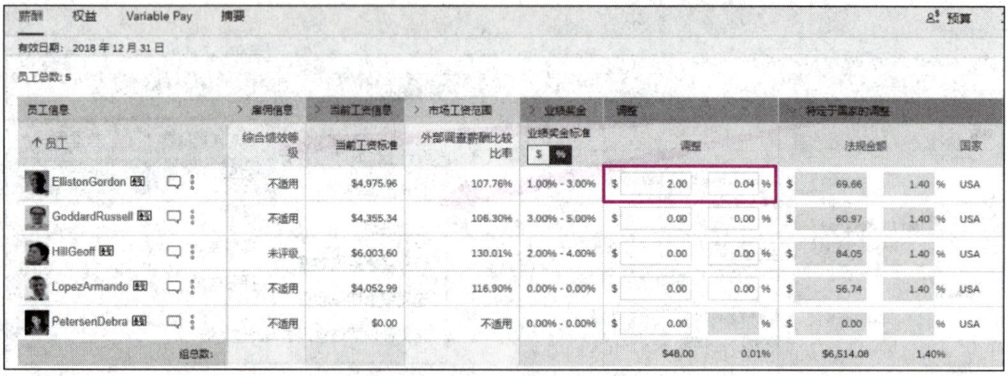

图 6-34 调薪界面

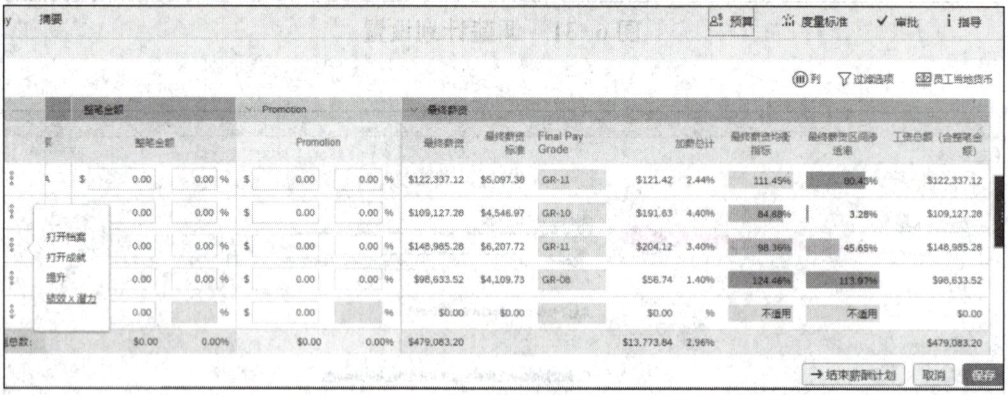

图 6-35 调薪依据查看

根据预算，对员工**权益**进行调整，员工权益包括**期权**和**限制性股票**，如图 6-37 所示。如果薪酬计划中有 **Variable Pay**，也可对其进行调整，如图 6-38 所示。

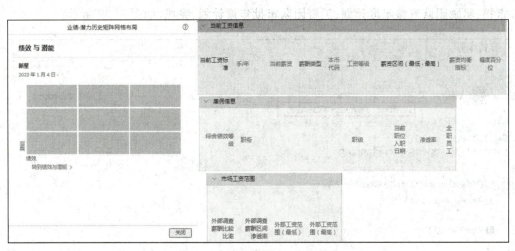

图 6-36 调薪员工详细信息

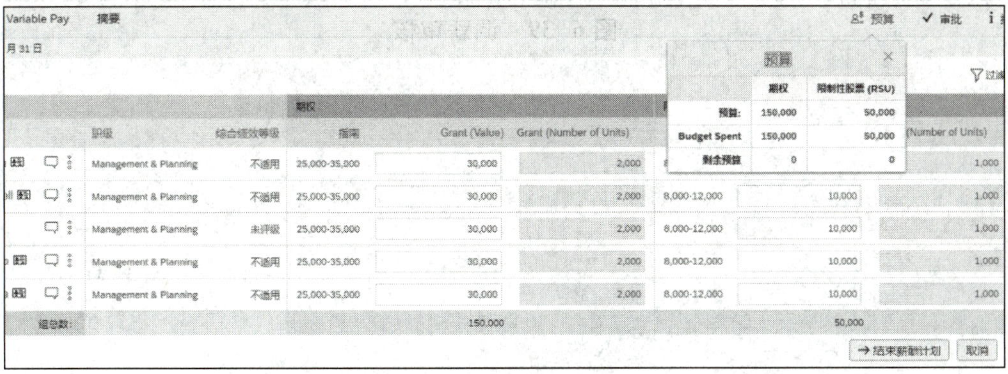

图 6-37 调整可变薪酬

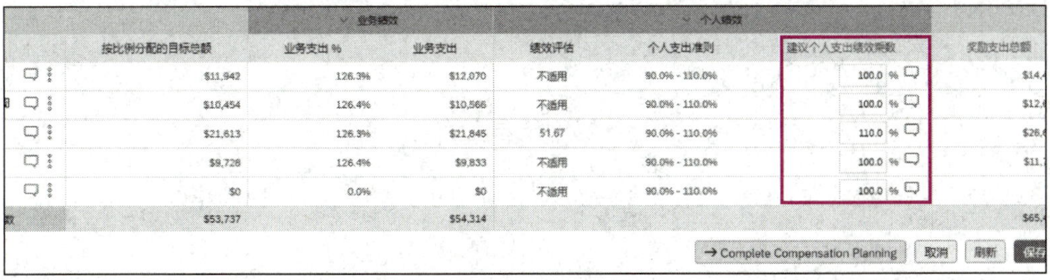

图 6-38 薪酬审核

完成上述调薪步骤,就进入**薪酬审核**环节。它有 5 个步骤,分别是**薪酬计划**、**薪酬审核**、**奖励团队审核年度计划**、**工资团队审批年度计划**、**完成**,如图 6-39 所示。

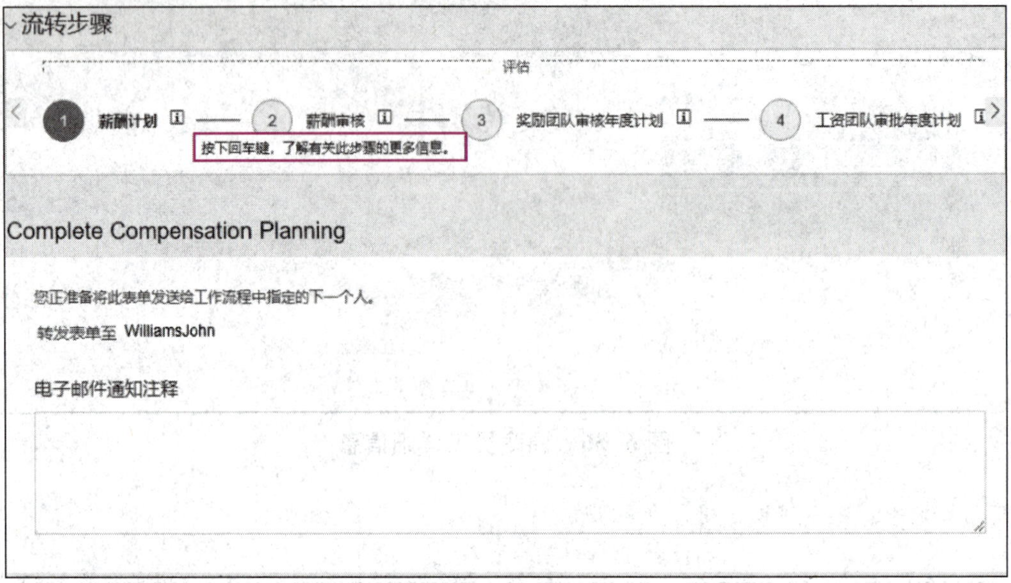

图 6-39 调薪审核

第七章 培训管理

> **学习目标**
>
> 1. 了解培训的概念和流程。
> 2. 熟悉 SF 系统中培训管理模块的基本功能。
> 3. 掌握 SF 系统中培训管理模块的操作方法。

第一节 培训管理概述

一、员工培训概念

员工培训是指组织实施的有计划的、连续的系统学习行为或过程,其目的是使员工的知识、技能、态度、行为发生定向改进,从而确保员工能够按照预期水平完成所承担或将要承担的工作。员工培训的最终目的是要实现个人发展与组织永续的和谐统一。

二、员工培训流程

1. 培训需求及其评估

培训需求是指要求员工具备的能力与员工现有的能力之间的差距,其实质是员工需要提高的能力。

培训需求评估是由培训需求调查和培训需求分析两个既相互独立又互相联系的过程组成的,并且存在时间上的先后关系。

(1) 培训需求调查

培训需求调查要求全面、客观、公正地收集培训需求信息,需要考虑到调查对象、调查方法及调查主题。

培训需求调查既可由培训主管部门、主管人员、工作人员等主动发起,也可采取调查对象自我申报的形式。前者属于主动行为;后者则属于被动行为,并在很大程度上依赖于调查对象的自觉性与自我意识,因此,组织只能将其作为一种信息补充来运用,而不能完全依赖。

表 7-1 培训需求调查

调查对象	调查方法	调查主题
经营者 管理者 作业规划者 作业执行者 专家团队	观察法 问卷法 访谈法 档案资料法 测验法 关键事件法 自我分析法	绩效目标 绩效水准 技术趋势 核心竞争能力 固有技术(知识能力) 关键流程与表现

常用的收集培训需求方法一般有七种：观察法、问卷法、访谈法、档案资料法、测验法、关键事件法、自我分析法。以上每一种培训收集方法都不是完美的，各有其侧重及其不足。表 7-2 为除自我分析法以外的 6 种培训需求收集方法的评价。

表 7-2 培训需求收集方法

信息收集方法	被培训者参与程度	管理层参与程度	所需时间	所费成本	可用数量指标衡量的程度
观察法	中	低	高	高	中
问卷法	高	高	中	中	高
访谈法	高	低	高	高	中
档案资料法	低	中	低	低	中
测验法	高	低	高	高	高
关键事件法	高	低	中	低	高

(2) 培训需求分析

培训需求分析是在培训需求调查的基础上，由培训主管部门、主管人员、工作人员等采取各种方法与技术，对组织内各部门及其成员的目标、知识、技能等方面进行系统的分析，以确定是否需要培训、谁需要培训、何时需要培训、需要何种培训。它既是确定培训目标、设计培训方案的前提，也是进行培训评估的基础。

常见的分析培训需求的方法主要有 TW1 工作职位分解法、工作盘点法、错误分析法、技术分析法、工作绩效评价法等。

2. 制定员工培训方案并实施

(1) 培训目标的设置

培训目标为培训方案提供了明确的依据，有了目标，才能确定培训对象、内容、时间、培训师和方法等具体内容，并对培训效果进行评估。一般而言，培训目标可分为五大类：① 知识目标；② 态度目标；③ 技能目标；④ 工作行为目标；⑤ 组织成果目标。

在确立培训目标时应注意以下四点：① 要和组织长远目标相吻合；② 一次培训目标不要太多；③ 目标制定应符合 SMART 原则；④ 要从学习者的角度出发，明确预期课程结束后学员可以拥有哪些知识、信息及能力。

(2) 培训内容的选择

一般来说,培训内容包括三个层次:知识培训、技能培训、素质培训。

① 知识培训:知识培训有利于理解概念,增强对新环境的适应能力,减少企业引进新技术、新设备、新工艺的障碍和阻挠。虽然知识培训简单易行,但容易忘记。

② 技能培训:技能一旦学会,一般不容易忘记。

③ 素质培训:这是组织培训的最高层次。素质高的员工应该有正确的价值观,有积极的态度,有良好的思维习惯,有较高的目标。

以上三个层次,由受训者的具体情况而定,如管理者更适合知识技能和素质培训,新员工更适合知识培训与技能培训。

(3) 培训指导

培训指导可由组织中的领导、具备特殊技能的员工等内部组员来负责,也可利用专业培训人员、学校、公开研讨会等外部资源,如表7-3所示。选择何种资源由公司具体情况决定,两种资源结合使用为最佳。

表7-3 培训师资来源

	内 部 渠 道	外 部 渠 道
来源	组织中的领导、特殊技能的员工等	专业培训人员、公开研讨会等
优点	1. 对组织内部比较熟悉,培训更具有针对性 2. 与培训对象相识,交流更顺畅 3. 与外部渠道相比,成本更低	1. 选择范围广,可聘请到优秀的培训师 2. 可带来全新的理念 3. 提高培训的档次
缺点	1. 交流范围狭窄,选择范围小 2. 受制约大,且权威性不够 3. 对学员吸引力小,难以引起兴趣	1. 组织与其之间缺乏了解,投资风险较大 2. 易出现传授内容不实用、不可操作的情形 3. 成本较高

(4) 确定培训对象

根据组织的培训需求、培训内容确定培训对象,如对新员工进行岗前培训,主要介绍组织的规章制度、文化等。对继任者进行培训以使其能承担相应工作。

(5) 培训日期的选择

培训日期的选择是有讲究的,滞后于社会、同行业竞争对手、组织自身的发展和岗位工作需要的培训是被动的,但过于超前培训也是不可取的。组织一般选择在时间比较方便或培训费用比较便宜的时期进行培训,而不是在组织需要培训的时候,这会使得培训的预备作用大打折扣。

(6) 培训方法的选择

组织内的培训方法有多种,内容十分丰富,根据培训方法的特点,大致可以分成课堂培训法、体验式培训法以及实地培训法三类。在具体的实践过程中,应根据企业培训的需要,选择合适的方法,如表7-4所示。

表 7-4 培训方法

分　类	内　涵	特　点	具体方法
课堂培训法	培训地点为固定的课堂教室，培训者将培训信息，如事实、过程、解决问题的方法等演示出来	以讲师为中心、培训对象被动接收信息	讲授法、视听法、研讨法等
体验式培训法	在培训过程中，改变心态，开发特定的能力，学会处理工作中的实际问题	培训对象主动参与培训过程，亲身经历	仿真模拟法、角色扮演法、拓展训练、商业游戏等
实地培训法	将工作与学习融为一体，在工作场所中进行	一般采取师傅带徒弟的形式	实地培训法

3. 实施员工培训项目

培训实施是培训工作的主要阶段，是培训目标的落实。要根据目标与计划，对培训过程中出现的问题及时做出调整，控制整个过程的顺利发展。

（1）抓培训准备

在具体实施培训之前，组织需要着力抓好三件事：① 培训氛围准备；② 培训者的准备；③ 培训工具的准备。

（2）抓分工配合

培训项目的实施往往不是一蹴而就的，特别是一些大中型的培训项目，组织工作非常复杂，因此，有必要将培训实施过程所有涉及的工作按照类别进行分工，然后安排在某一方面具备特长的人员具体负责相关工作的落实，培训管理者随后及时跟进与沟通。

（3）抓培训控制

培训控制是确保培训项目目标实现的重要环节，为此需要做好以下几项工作：① 收集培训相关资料；② 比较现状与目标之间的差距；③ 培训计划纠偏；④ 公布并跟进落实。

4. 员工培训效果评估

培训评估是依据组织目标与需求，运用科学的理论、方法和程序，从培训项目中收集数据，以确定培训的价值和质量的过程，这个过程中一般会涉及四个关键性问题：① 有没有发生变化；② 这种变化是否由培训引起；③ 这种变化与组织目标的实现是否有积极的关系；④ 下一批培训对象完成同样的培训后，能否还能发生类似的变化。

为回答上述四个关键性问题，可结合特定的培训效果评估模型进行评估，如柯克帕特里克的四级评估模型、考夫曼的五级评估方法、CIRO 等。目前国内外运用得最为广泛的培训评估方法是柯克帕特里克提出的四级评估模型，他根据评估的深度和难度将培训效果分为四个递进的层次——反应、学习、行为、结果，如表 7-5 所示。

表 7-5 培训效果

层　　次	可以问的问题	衡 量 方 法
反应层	受训人员喜欢该项目吗？对培训人员和设施有什么意见吗？课程有用吗？他们有什么建议？	问卷调查
学习层	受训人员在培训前后，知识以及技能的掌握方面有多大程度的提高？	笔试、技能操练和工作模拟
行为层	培训后，受训人员的行为有无不同？他们在工作中是否使用了在培训中所学到的知识？	由上司、同事、客户和下属进行绩效评估
结果层	组织是否因为培训经营得更好了？	事故率、生产率、流动率、质量、士气

三、SuccessFactors 培训管理模块介绍

SuccessFactors 中的培训管理模块是关于员工素质全方位提升的解决方案，涵盖培训需求设计、课程设计、效果反馈等一系列培训项目，通过提高员工技能、确保员工遵纪守法以及统一员工目标与企业目标。

SuccessFactors 的 iContent 解决方案具有独特的、基于云的内容分发和管理功能，使管理数字化学习资产（包括网上课件、按需随选的演示文稿和视频等）不再麻烦，并为学习者提供现成和自定义内容的可靠和高质量按需随选接入。

全面的报告和分析为人力资源管理人员和学习型领导者提供与他们的人才状态和人才发展倡议有关的权威见解。学习管理允许用户建立综合学习战略，包括讲师培训（ILT）、电子学习、虚拟学习、测试、认证和扩展学习等。

培训管理允许用户以业绩目标、职业和接班计划、企业发展和合规性目标或个人发展为基础，创建课程和课程表。此外，它还提供记录、报告和信息，能够保证企业的运营符合政府和行业的规范。

第二节　培训管理模块应用（管理员）

一、在线课程创建

任务：创建线上课程、分配课程学员等与课程建立相关的一系列操作。

1. 创建课程

在**主页**下拉菜单中选择**管理员中心**，如图 7-1 所示。在**管理员中心**页面点击**学习**，选择**学习管理**，如图 7-2 所示。点击右上角的**新增**，如图 7-3 所示。进入**添加新项目**页面，

人力资源管理数字化运营

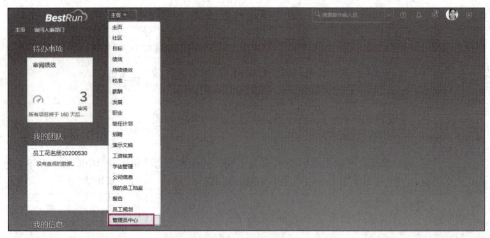

图 7-1　管理员中心

图 7-2　学习管理

图 7-3　学习管理主界面

项目分为四种：**排定课程、在线课程、排定和在线混合课程、其他**。选择所需创建的项目类型，并填写基本信息，**添加内容对象、考试对象、内容包、评估**等，如图 7-4 所示。

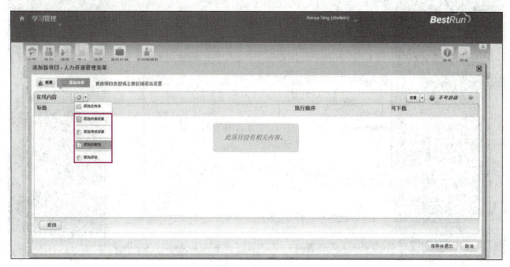

图 7-4 添加内容

2. 向项目分配学员

点击**分配**，为项目添加**用户**。输入**用户 ID** 或从列表中添加一个或多个，可以通过**关键字、用户 ID、姓氏、名字、域、组织**与**主管**等筛选条件，查找符合条件的用户，如图 7-5 所示。

图 7-5 学员分配

完成添加用户后，点击下一页依次**添加项目**，编辑项目信息，最终完成用户需求管理，如图 7-6—图 7-8 所示。

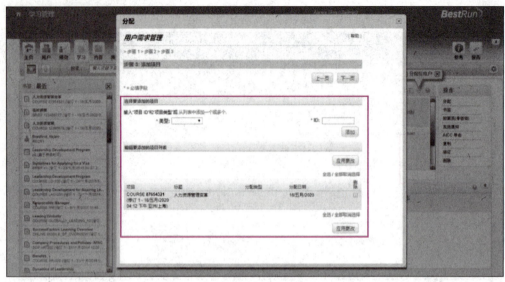

图 7-6 添加项目

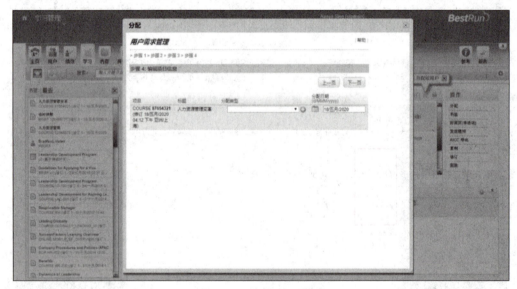

图 7-7 编辑项目信息

图 7-8　用户需求管理

▶ 二、内容的创建

任务：为课程添加课件资料、为课程对象添加相关资料，并通过课程对象的相关信息搜索到已创建的内容对象。

1. 新增内容对象

点击**学习管理**左上角的**内容**，点击**内容对象**下的**新增**，为课程添加课件，学员可以直接下载课件，如图 7-9 所示。

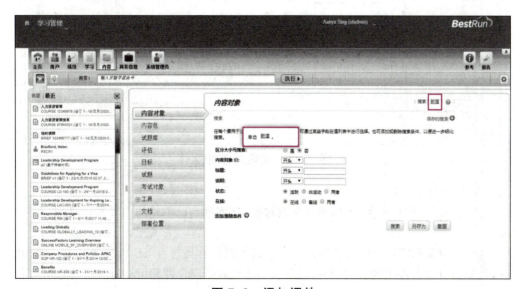

图 7-9　添加课件

填写**新内容对象**相关信息,**内容对象 ID**、**标题**、**域**为必填字段,点击**添加**,如图 7-10 所示。

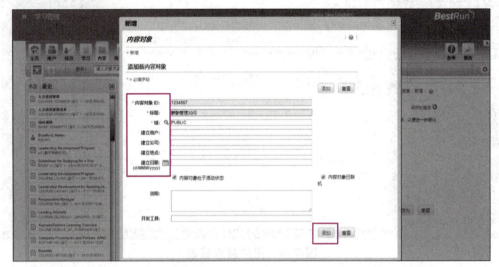

图 7-10　添加内容对象

编辑内容对象的**概要**、**AJCC 支持**、**启动方法**、**目标**与**跨域**,如图 7-11 所示。

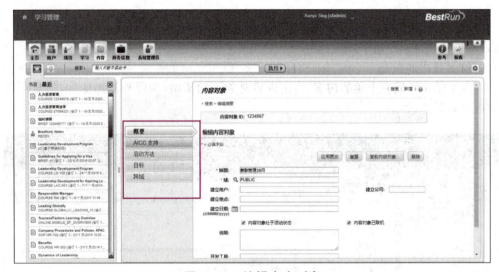

图 7-11　编辑内容对象

2. 查找内容对象

创建完成内容对象后,可以通过**内容对象 ID 搜索**到已创建的内容对象,如图 7-12 所示。

SF 培训管理模块中的在线课程培训形式为网络在线。在 SF 只有课,没有班的概念,只能通过拉取报表的方式(有排班的线下课程或者混合课程可在班级中看到学员名单)查看网络在线课程报名情况。

第七章 培训管理

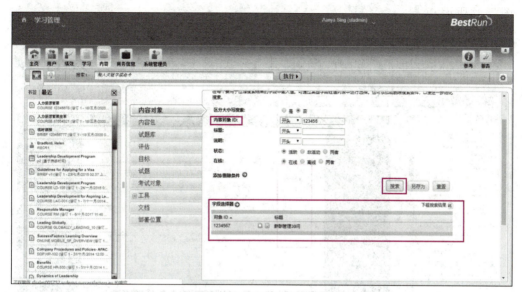

图 7-12 查找内容对象

三、创建试题库

任务：对课程试题库进行相关操作，如填写试题类型、试题内容等。

点击**学习管理**左上角的**内容**，点击**试题库**下的**新增**，管理员可以为学习管理创建试题库供员工测试或考试，如图 7-13 所示。

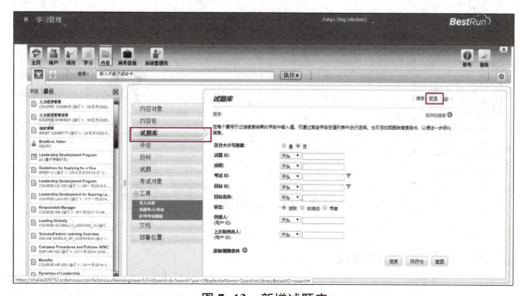

图 7-13 新增试题库

155

填写**试题类型**,试题类型包括**单选题**、**多选题**、**判断题**、**排序题**与**填空题**五种,如图 7-14 所示。

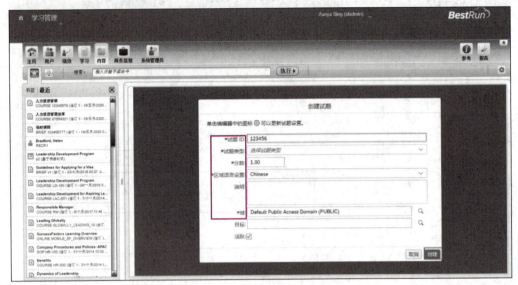

图 7-14　创建试题

添加试题,填写题目与答案,添加完成所有试题后点击**保存**,如图 7-15 所示。

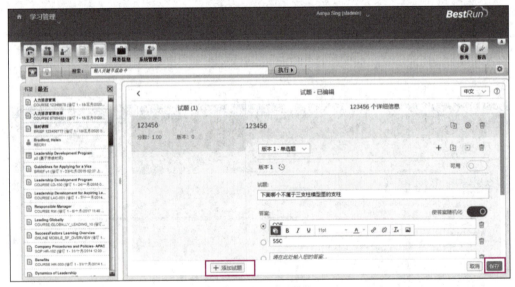

图 7-15　编辑试题

四、测验或考试的创建

任务:创建考试并设置考试的属性,包括发布考试行为、考试行为、考试后操作、内容对象完成等自定义需求。

1. 添加新测验或新考试

点击**学习管理**左上角的**内容**,点击**评估**界面的**新增**以创建考试,即把试题库和子题库中的题目放到一个考试中,同时可在考试中添加新试题(以**添加新测验**为例),如图7-16、图7-17所示。

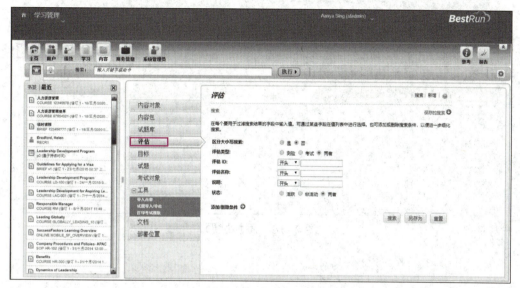

图7-16　新增评估

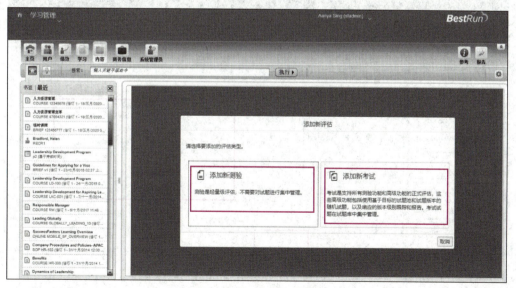

图7-17　添加新测验

点击右上角**菜单**中的**试题**,添加试题并开始创建测验(或考试),如图7-18、图7-19所示。

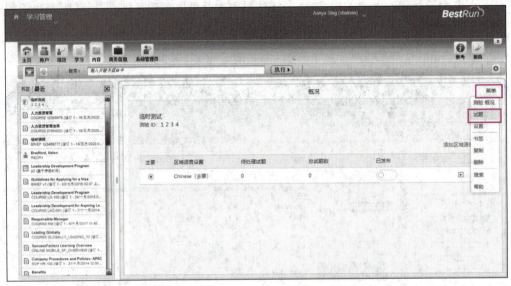

图 7-18 添加试题

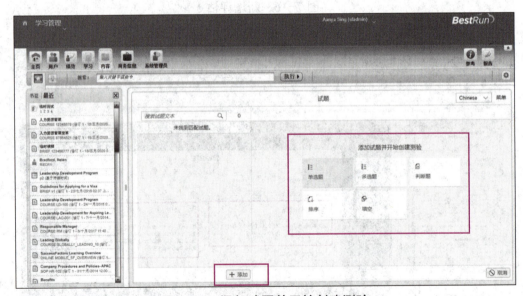

图 7-19 添加试题并开始创建测验

2. 从试题库与目标库中添加试题

除了再次新添加试题或目标的方式外,试题与目标可以从现有试题库与目标库中添加。以**添加新考试**为例,需要填写**考试 ID** 和**考试名称**(索引字段必须唯一),如图 7-20 所示。

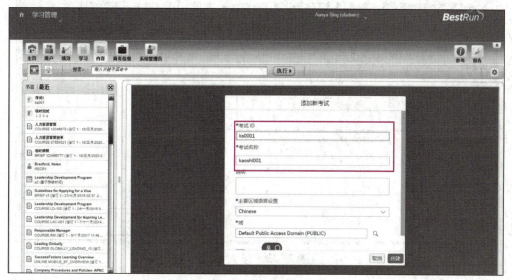

图 7-20　添加新考试

点击**添加现有试题**搜索试题库,再根据条件筛选试题库,如筛选**考试 ID** 或**目标 ID** 等条件,如图 7-21、图 7-22 所示。

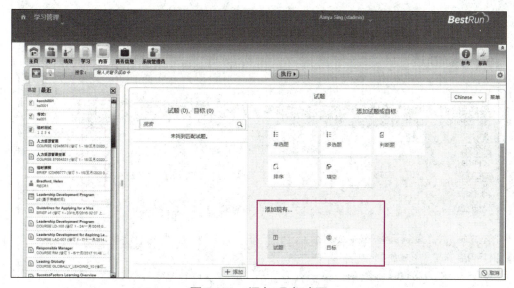

图 7-21　添加现有试题

图 7-22 搜索试题

选择需要增加的具体题目,点击**添加**,直接导入所选试题。如图 7-23 所示。

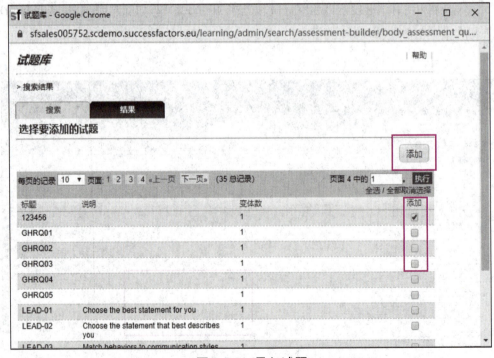

图 7-23 导入试题

3. 设置

在**内容**模块右上角的**菜单**中点击**设置**,可以设置考试的属性,包括**发布考试行为**、**考试行为**、**考试后操作**、**内容对象完成**等自定义需求,如图7-24—图7-26所示。

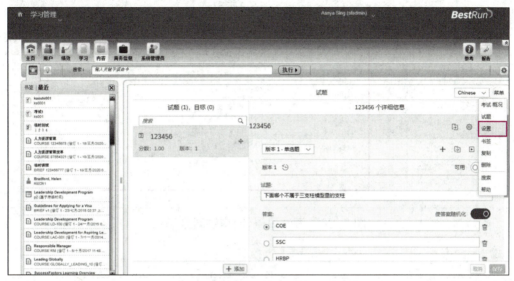

图 7-24 考试设置

图 7-25 发布考试行为

4. 发布考试

点击**菜单**中的**考试概况**,再点击**已发布**发布试题。如果不发布考试的话,学员将无法参加考试。成功发布试题后,员工可以在学习项目时进行考试,如图7-27、图7-28所示。

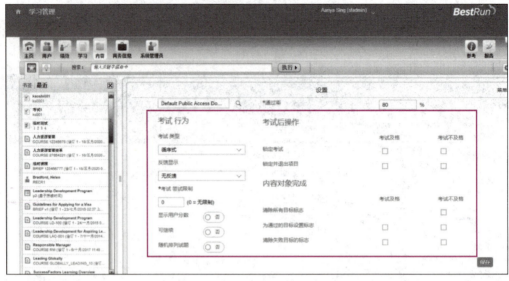

图7-26 考试后操作、内容对象完成

图7-27 发布考试

图7-28 语言设置

5. 考试相关概念解释

图 7-29、图 7-30 中一些字段的解释如下。

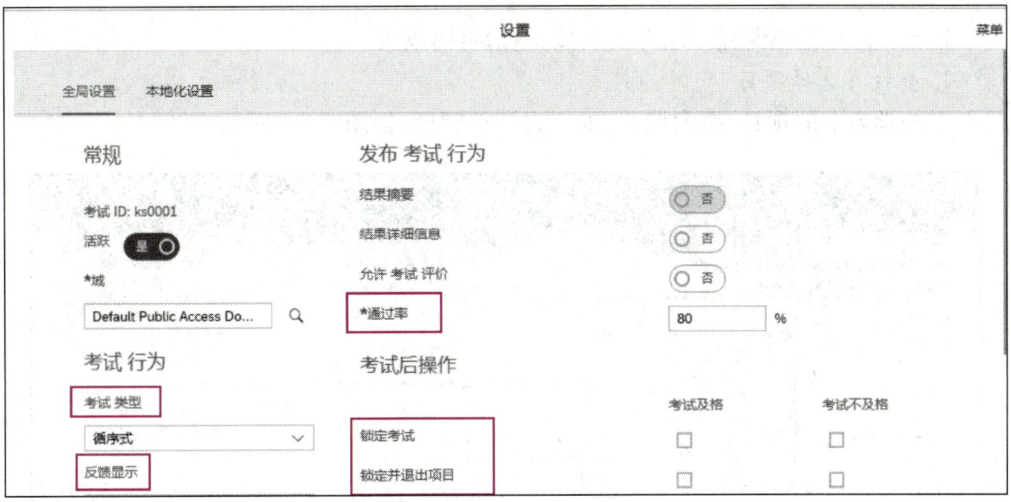

图 7-29　考试选项设置 1

图 7-30　考试选项设置 2

通过率：考试通过需要达到的分数。

考试类型：**循序式**指无法跳过题目再进行回答，必须答完一题才可以跳转到下一题；**自由题序**指可以以任何顺序答题，返回到以前答过的题目，以及更改答案。

反馈显示：**无反馈**指学员不清楚自己的答案是对的还是错的，仅知道是否通过；**仅显示反馈**指学员知道自己的答案正确与否，同时知道是否通过；**显示反馈和正确的答案**指学员可以看到正确答案，同时知道是否通过。

考试尝试限制：允许学员考几次。

五、在线课程内容的对接

任务：针对相应课程添加考试人员、邀请组内成员。

1. 查找并选择项目

点击**学习**下的**项目**，**搜索**课程，如人力资源管理，如图 7-31 所示。

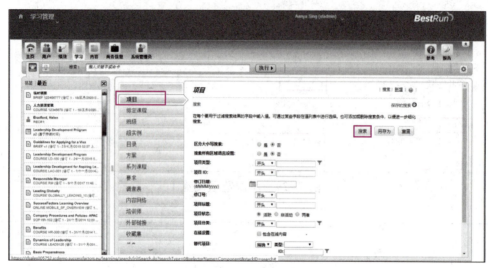

图 7-31　搜索课程

2. 添加考试对象

点击**在线内容**，点击下拉菜单栏中的**添加考试对象**，为示范课程"人力资源管理"添加对应的考试试题，如图 7-32 所示。

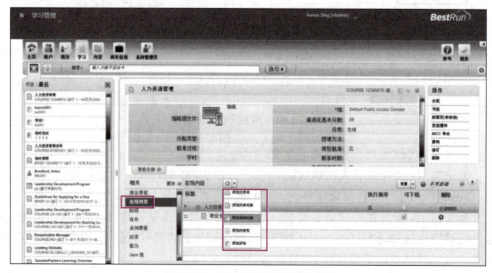

图 7-32　添加在线考试内容

在**考试**和**考试名称**栏中,输入之前创建的考试 ID 或者点击右侧的**放大镜**图标搜索并选择(见图 7-33);考试和考试名称将显示在学员界面,可与考试和考试 ID 不一致。

如果勾选**考试不及格时记录学习事件**,则学员考试不通过时也会有学习历史记录;如果不勾选**考试不及格时记录学习事件**,则学员考试失败将不会有学习记录,该课程也会一直在该学员界面。**允许用户复查所有考试试题**表示允许学员在提交试卷以后查看自己的答题情况,但是无法更改答题。

3. Jam 组添加现有组

点击 **Jam 组**,在下拉菜单栏中点击**添加现有组**,选择其中一组,比如 **Business Innovation Event**,点击右侧**选择和复查设置**,邀请组内成员,如图 7-34—图 7-36 所示。

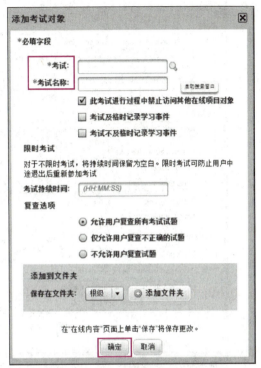

图 7-33 添加考试对象

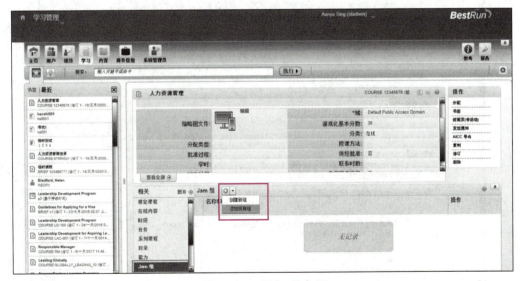

图 7-34 添加现有组

4. 向项目添加能力

项目可以和能力培养相关联。点击**能力**,点击**添加以向项目添加能力**,如图 7-37、图 7-38 所示。

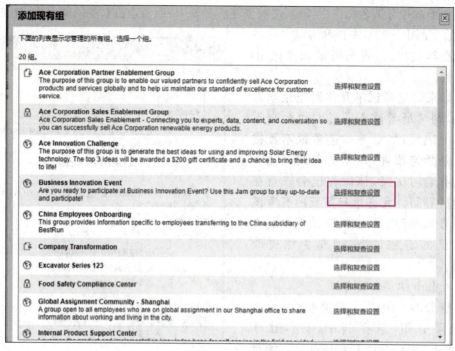

图 7-35　选择讨论组

图 7-36　讨论组设置

图 7-37 添加项目能力

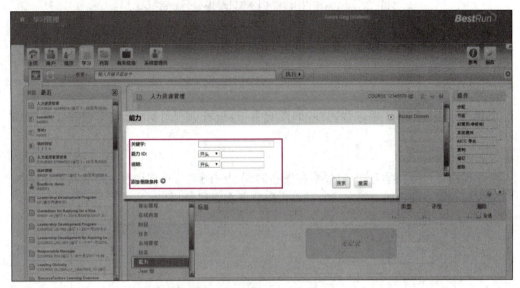

图 7-38 选择项目能力

第三节 培训管理模块应用(学员)

▶ 一、查看课程

任务：作为学员了解课程内容，如查看学习，查看课程日历，查看课程课件并参加考试等。

1. 查找学习

学员可通过**查找学习**功能区域，在发布的课程中浏览与查找课程。可直接在输入栏中输入想要查找课程的关键字或直接点击**浏览所有课程**，如图7-39、图7-40所示。

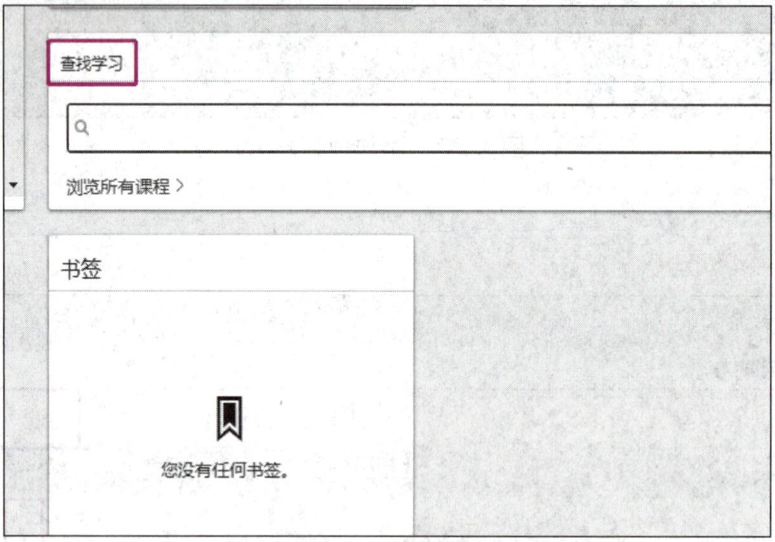

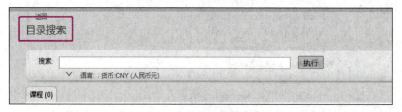

图7-39　查找学习

图7-40　目录搜索

2. 课程日历

学员可以日历图的形式查看已计划排定的课程(最大可按月显示)，并根据实际需要对该视图进行**月、周、天**显示模式切换，亦可选择不同月份及年份查看排定课程，如图7-41所示。

图 7-41　课程日历

3. 通过分类查找课程

根据相关主题来筛选课程，如图 7-42 所示。

图 7-42　筛选课程

4. 分配课程

找到感兴趣的课程之后,将鼠标放置在课程框内,右边就会出现相关按钮可供选择,如图 7-43 所示。

图 7-43　分配课程

5. 开始线上课程并完成考试

操作路径:**我的学习→我的学习分配→开始课程→课件→考试**。如图 7-44、图 7-45 所示。

图 7-44　开始课程

图 7-45　考试

6. 我的学习分配

在**我的学习分配**页面会显示 HR 推荐过来的课程和员工从查找学习处给自己分配的课程,点击右上方的**排序**和**筛选**按钮,可以根据**日期/优先级**来排列课程。此外,还可选择视图模式;也可利用功能区顶部的筛选条件栏来筛选学习任务,如图 7-46 所示。

图 7-46 我的学习分配

非混合类课程右侧有**开始课程**按钮,如图 7-47 所示。

图 7-47 开始课程

当开始了此课程,且未一次完成课程(课程或由多个部分组成)时,按钮会变为**继续课程**,如图 7-48 所示。

图 7-48 继续课程

7. 查看课程课件

操作路径:**我的学习**→**我的学习分配**→**开始课程**→**在线课件**。如图 7-49 所示。

171

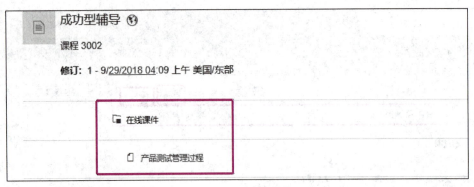

图 7-49　查看课件

二、课程评估

任务：评估课程，完成相应的调查问卷。

1. 完成调研问卷

如果该课程含有结课后调研问卷，那么就需要学员填写。点击**课程评估反馈**栏右上角的**开始调查**，即可进入评价页面，如图 7-50、图 7-51 所示。

图 7-50　课程评估反馈

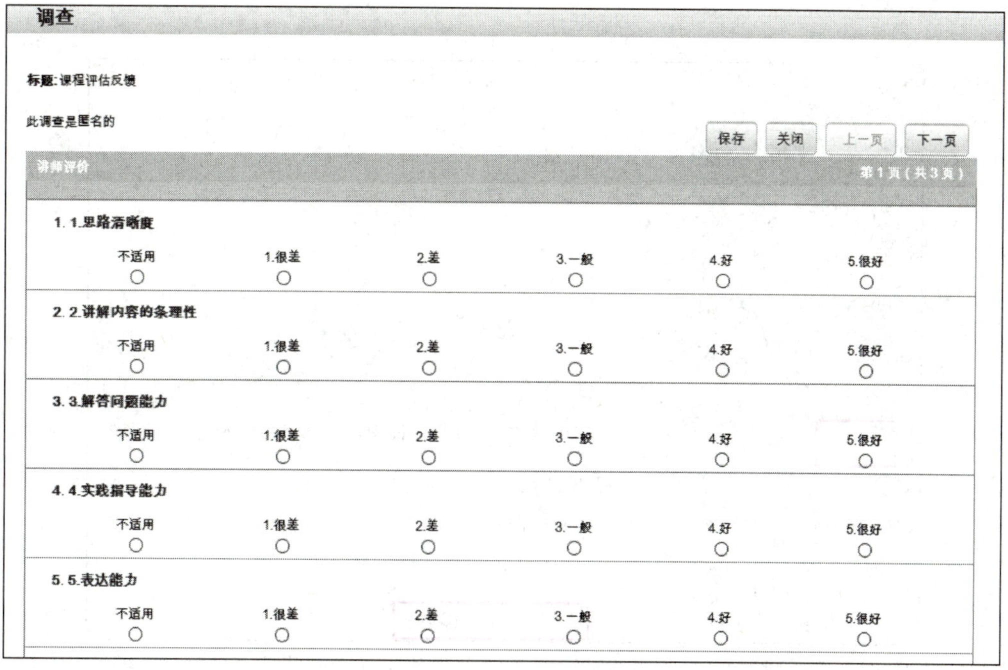

图 7-51　反馈问卷

三、查看相关报告

任务：作为学员查看学习记录，可根据本人或组织的需要导出相应格式。

目前对学员开放的是**学习历史记录**，系统支持两种方式查看，一种是点击**学习历史记录**，用浏览器或者 PDF 格式查看，如图 7-52 所示；另一种是点击**学习历史记录(CSV)**，导出明细记录，如图 7-53 所示。

图 7-52　学习历史记录

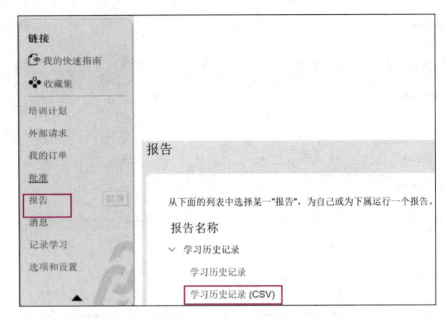

图 7-53　学习记录报告

进入详情页面后,如果勾选**屏蔽用户 ID**,那么导出的报表中员工号会被隐藏,可根据自身情况选择。点击**运行报告**即可导出,如图 7-54 所示。

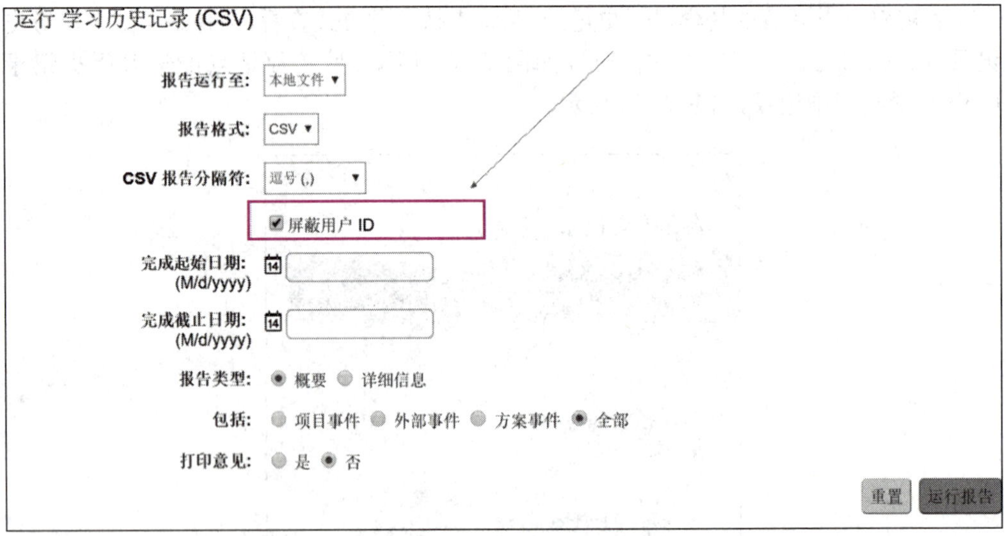

图 7-54　运行报告设置

导出的报告是 CSV 格式的,一般情况用 Excel 可以直接打开,如图 7-55 所示。

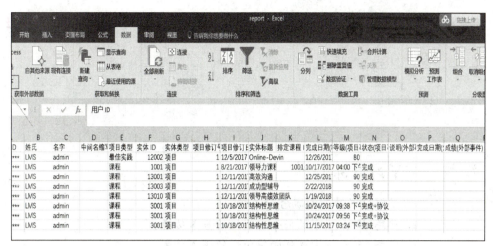

图 7-55 运行报告浏览

四、打印证书

任务：查看并打印课程证书。

若课程中需要打印证书，可在**学习历史记录**中点击**查看**，点击**打印证书**，如图 7-56、图 7-57 所示。

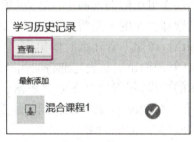

图 7-56 学习记录

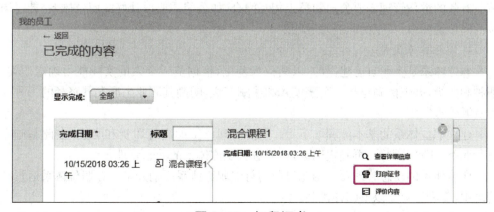

图 7-57 打印证书

第八章 继任管理

> **学习目标**
>
> 1. 了解继任管理的概念和流程。
> 2. 熟悉 SF 系统中继任管理模块的基本功能。
> 3. 掌握 SF 系统中继任管理模块的操作方法。

第一节 继任管理概述

一、继任管理及相关名词概念

继任管理是用来识别和培养组织内部的高潜人才,以填补关键领导岗位或专业岗位的一系列业务流程。继任管理关注的不是替代而是员工的提升,以期在企业内部建立"板凳深度"(bench strength),确保不管什么时候出现岗位空缺,内部都有合格候选人可以立即继任。从前,继任管理的重点是确定谁将取代高管。但是,人力资本重要性的日益提高和人才管理技术的进步,正促使企业为越来越多的职位实施继任管理。继任管理不再局限于董事会,在某些情况下,甚至延伸到一线重要岗位。

继任管理不是某一时间段、某一方面的事情,它涉及公司发展、人才管理的所有过程;包括从公司战略、企业职位体系设计等公司层面到员工个人职业发展计划等多个环节。有效的继任管理需要公司和员工相互配合,如公司需要设计好的职位体系、针对岗位的岗位说明书、员工的职业发展计划。

1. 职位体系设计

职位体系是企业自己建立的,以岗位为基础,根据员工个人的实际能力确定职类、职种和职级,并依此确定员工薪酬模式和薪酬等级,明确其职业生涯发展路径的一种人力资源管理制度。

建立职位体系的基本流程如下:首先要清理员工的岗位职责和类别,在此基础上进行职类、职种的划分,再确定职级,最后进行职位体系的动态管理。

职位体系的动态管理要与企业目前实行的职称体系区别开来。在职位体系运行和管理中,要配套建立以下四种机制。

一是竞聘制。各类职级的确定和进入要通过竞聘方式公平产生,这样可以减少一些人为影响和不必要的矛盾,还可以避免用人上的不正之风。

二是任期制。各个职级都要实行任期制,高职级的可以任期长一些,如 3 到 5 年,低职级的可以短一些,如 1 到 3 年。聘期的时间段可以与国家的职称体系对接,也可以自主确定。

三是落聘制。每年或每个任期的绩效考核是员工能否胜任本职工作的衡量标准,这就决定了即使员工竞聘到了某个职级,但由于考核不胜任也会落聘,避免职称制度中一聘定终身的弊端。

四是转换制。不同职类之间可根据员工岗位变化情况转换,让员工的技术水平和工作能力得到最大限度发挥。

2. 岗位说明书

岗位说明书也称工作说明书或职务说明书,是用文件的形式来表达工作分析的结果,其实质是通过工作分析这一工具,对组织各个岗位的工作、性质、任务、工作内容、任职资格、工作标准等做出统一、明确的规定。

岗位说明书没有一定之规,其基本内容一般包括五个方面。

① 基本信息,包括岗位名称、隶属部门、岗位等级、直接上级和直接下属等内容。

② 岗位使命,即用一句话简洁、准确地说明该工作存在的意义及其对整个企业成功的独特贡献。

③ 岗位职责,是说明本岗位工作主要在哪些领域开展以及为完成该工作个人所负有的责任。

④ 岗位任职条件,包括学历、工作资历、专业知识和所需岗位技能等内容。

⑤ 岗位绩效标准,是对岗位工作"产出结果"进行评价的依据,通常选取那些最能体现该岗位价值的关键绩效指标(KPI)作为岗位考核的依据。

3. 职业通道(员工职业发展计划)

职业通道指一个员工的职业发展计划。对企业来说,可以让企业更加了解员工的潜能;对员工来说,可以让员工更加专注于自身未来的发展方向并为之努力。员工、主管以及人力资源部门应共同参与制定职业通道。员工提出自身的兴趣与倾向,主管对员工的工作表现进行评估,人力资源部门则负责评估其未来的发展可能。

职业通道设计的方式有以下几种。

(1) 横向职业通道

这种模式采取工作轮换的方式,通过横向调动来使工作具有多样性,使员工焕发新的活力、迎接新的挑战。虽然没有加薪或晋升,但员工可以增加对组织的价值,也使他们自己获得新生。当组织内没有足够多的高层职位为每个员工提供升迁机会,而长期从事同一项工作使人倍感枯燥无味,影响员工工作效率时,可采用此种模式。

(2) 双重职业通道

这种模式在为普通员工进行正常的职业通道设计时,为专才另外设计一条职业发展的通道,从而在满足大部分员工的职业发展需要的同时,满足专业人员的职业发展需要。其模式是:管理生涯通道——沿着这条道路可以到达高级管理职位;专业生涯通道——沿着这条道路可以到达高级技术职位。在这种模式中,员工可以自由选择在专业技术通道上或是在管理通道上得到发展,两个通道同一等级的管理人员和技术人员在地位上是平等的。因此能够保证组织既聘请到具有高技能的管理者,又雇佣到具有高技能的专业技术人员。它适合在拥有较多的专业技术人才和管理人才的企业中采用。

(3) 多重职业通道

这种模式就是将双重职业通道中对专业技术人员的通道设计分成多个技术通道,为专业技术人员的职业发展提供更大的空间。比如说某技术公司为员工设计的职业发展通道是:技术人员通道—技术带头人通道—技术管理人员通道。这种模式为员工提供了更多的职业发展机会,便于员工找到符合兴趣、真正适合自己的工作,实现职业目标,也提高了组织效益。

二、继任管理流程

1. 确定关键岗位

根据对企业战略和核心能力的分析,确定哪些是关键岗位以及对于关键岗位上管理者的基本要求是什么。企业的战略只有分解为关键岗位的职责,才能够保证企业核心能力的充分发挥和企业战略的顺利实现。因此评估关键岗位、识别在关键岗位上的人应该具备怎样的能力是继任计划实施和保障企业人才持续供给的基础。

可参照以下三个原则对组织内部职位进行删减,确定关键岗位并最终确认入围名单。

① 这些岗位与公司战略紧密相连,发挥公司的关键能力,对公司未来发展起着至关重要的作用。

② 这些岗位在公司内属于中高级管理层。

③ 根据公司的业务发展、组织架构和目前的继任者变化情况需要新建继任计划或者补充继任者的岗位。

根据原则①和②筛选公司所有岗位,形成关键岗位的长名单,然后根据原则③形成入围名单,如图 8-1 所示。

图 8-1　确定关键岗位

2. 建立岗位胜任力素质模型

岗位胜任力素质模型,是将某一个(类)岗位要求的主要素质集合在一起的模型。岗位胜任力素质有广义和狭义之分。广义的胜任力素质,指某个从事某一岗位应具备的素质的集合,这些素质可以分为鉴别类素质和基准类素质。狭义的岗位胜任力素质仅指鉴别类素质,即能够鉴别优秀员工与一般员工的素质的集合。

建立岗位胜任力素质模型可以将组织人力资源战略和组织整体战略紧密结合起来。由于岗位胜任力素质模型产生于组织的整体战略,能够体现组织在战略层面上对个体的素质需求,同时又贯穿于组织整个人力资源管理中,因此,它能确保组织的人力资源战略与整体战略紧紧相扣,使人力资源战略为组织整体发展和战略目标实现提供更好的服务。

要根据组织战略目标和发展重点的调整及时对岗位胜任力素质模型进行调整。

可以根据不同岗位要求，建立不同的胜任力素质模型，表 8-1 为技术研发人才素质模型。

表 8-1　素质模型举例

类　　别		具　体　要　求	
素质类型	素质	1	学习/提炼能力
		2	沟通/谈判能力
		3	承压能力
		4	执行力
能力模型	知识技能	5	专业知识
		6	关联知识
		7	技术能力
		8	业务能力
		9	项目计划能力
		10	项目跟踪和控制能力
		11	风险识别和管控
		12	度量及数据分析
	客户关系	13	敏捷项目管理能力
		14	成本分析控制能力
	领导力	15	团队影响力
		16	知识传递

3. 进行人才盘点

人才盘点指企业为了清晰地了解人才需求，发掘高素质、高潜力的人才，从而增加企业人才厚度，在动态竞争的市场中占据一席之地，保持持续增长，而进行的一系列人才识别与发掘活动。通俗来讲，企业在管理实践中强调人职匹配，即将最为合适的人安排在最适合的岗位上。通过人才盘点，企业能够有效促进人才流动，识别高素质候选人；员工能够在公平公正的环境下进行工作，明确自身定位，进行科学准确的职业生涯规划。

人才盘点的目标是预测、发展、保留并且部署适合的、具备组织所需能力的领导人员来满足企业业务成长对领导人才的需求。具体而言，需要解决以下四个问题。

要满足支撑企业短期、中期、长期的业务发展，需要什么样的领导力和领导人才储备？

要满足不同业务部门实现其业务增长目标所需要的领导人才，供需差距如何？

如何加快识别高潜力人才，以及如何凸显对高潜力人才的重视？

如何加速领导人才的发展，并且拓宽他们的视野，增加他们的经验，提升他们的领导能力？

解决以上四个问题,需周期性地对员工进行绩效考核以及发展计划谈话,盘点员工的能力与绩效情况,并提名员工进入测评中心或人才库等公司继任者数据库。

根据现任者的评估结果,对公司员工进行分类,并制定相应的发展计划(见图8-2)。

对于①类员工,应考虑加速其发展。此部分员工通常有很强的发展愿望,一旦忽略很容易造成人才流失,因此公司需要关注其发展的需求,加快实施该岗位的继任计划。

②类员工是公司的中坚力量,应给予有针对性的培训,帮助其进一步提升业绩和能力水平。

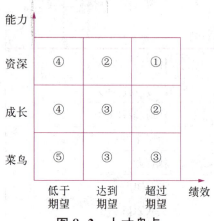

图8-2 人才盘点

对于③类员工,应保留原位,适当考虑其下一步发展机会,并帮助其提高能力或业绩水平。

对于④和⑤类员工,在提供业绩和能力辅导的同时,应给予警告甚至淘汰,并开始此职位的继任者计划。

4. 测评即将继任岗位的差距

根据岗位胜任力素质模型对比继任者候选人的差距,测评员工能否成为继任者。通过回顾该员工历年的工作业绩表现,如根据员工每年的业绩和发展谈话并结合直线经理的推荐;观察员工的工作态度,如是否公司文化和核心价值观的传播者等,通常采取360度测评;用适当的能力评估工具对高潜力员工进行能力测评。

5. 进行员工开发与发展

员工开发指企业为员工提供一定的培训与教育的机会,使员工的工作技能及自身潜能得到发展,从而更好地完成其工作。员工开发一方面可以使员工的满意度与成就感得到增强,另一方面还可以使员工更好地把握住发展机会来最大限度地为企业服务,使企业利益与员工利益统一。

企业对于员工开发的制定与实施是一个系统过程。在这个过程中需要企业与员工两者明确自身的权利与责任,不断地沟通与协调,以符合双方的利益。员工发展规划的具体制订过程如图8-3所示。

员工开发的最终目的是通过员工的现有技能与自身潜能的提高,寻求企业的持续发展。

6. 继任者计划实施效果分析与评价

继任者计划的实施是一个长期项目。通过上述工作,能够建立起公司的继任者管理系统。系统对于继任者计划项目的影响,初建立时还不太明显,但是可以注意如下3点,在这个过程中对继任者计划项目进行评估:

① 当预期内或预期外的空缺出现时,能否迅速找到下一任接班人;

② 继任者计划是否提升了管理者的培养效率,缩短了人才培养的周期;

③ 继任者计划的实施是否能够服务于企业的战略,企业不会因为人才的短缺而影响战略目标的实现。

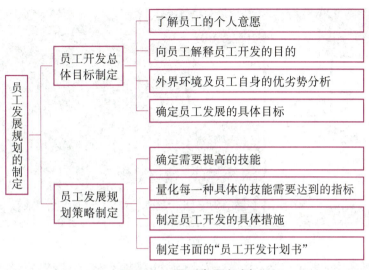

图 8-3 员工发展规划

三、SuccessFactors 继任管理模块介绍

SuccessFactors 继任管理模块是关于企业接班人计划的一套人力资源解决方案，通过继任者图谱、人才库、人才九宫格等功能板块的结合，使企业对关键岗位的接班人更加一目了然。岗位继任者的就绪度与当前状态都可以在 SF 中得以体现，这大大稳定了企业的接班人体系，进而在必要时刻保障企业的高效稳定发展。

该模块可以查询本组织人才的相关信息，如能力信息、绩效信息、潜力信息、业绩信息、继任信息等。

此外还能查看本组织的后备人才库，以及各个重要职位的继任者人才卡信息。

利用人才搜索工具可以在本组织内发现具备条件的人员。培养和发展这些人员，为填充岗位缺口、团队重组和进入新的市场领域提供人才储备。

第二节 继任管理模块应用

一、用绩效-潜能矩阵评估继任者候选人

任务：查看绩效-潜能矩阵，评估继任候选人。

在**主页**下拉菜单中选择**继任计划**，如图 8-4 所示。进入**继任计划**页面后，点击上方选项卡**绩效-潜能矩阵**。

查看人员绩效-潜能时，尽可能扩大**审阅时限**，避免出现考核时间过短的问题。选择**继任管理和矩阵报告权限**，点击**生成**，可得到可视图，如图 8-5、图 8-6 所示。

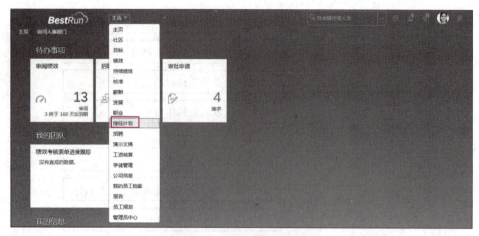

图 8-4　继任计划选项

图 8-5　绩效-潜能查看

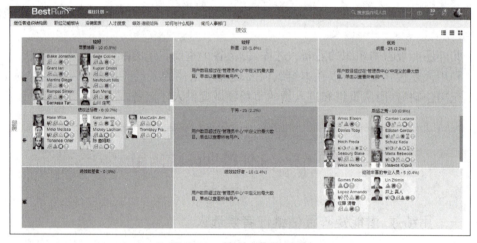

图 8-6　绩效-潜能矩阵

一般来讲，九宫格数据来源于"业绩、能力、绩效结果、潜力"四个维度，而四个维度则来源于年度表单的上级打分。"九宫图"可针对本组织员工的"业绩-能力""绩效-潜力"情况进行了解，并根据员工分布在哪一方格里进行相应应用。

总的来说，绩效-潜能矩阵是一个快速审视领导层级的有效工具。例如，公司可能发现其职能经理都集中在中等潜能中等绩效方格内,这说明在这一层级上该公司没有太多可提拔的人选,公司最好改变这一现状。虽然这种浏览方式非常有用,但是从领导梯队的角度来看其价值并不明显,它的绩效和潜能的表达方式太笼统,无助于得到具体的发展举措。

二、以特质归类提名继任者

任务:添加相应能力的人才库,将前期查看的优秀人员提名进入该人才库。查看并修改人才库的显示信息、继任者相关信息。

1. 新增人才库

点击上方菜单栏选项**人才库**,再点击右上角的图标,进行人才库的排序、筛选、添加,如图 8-7 所示。

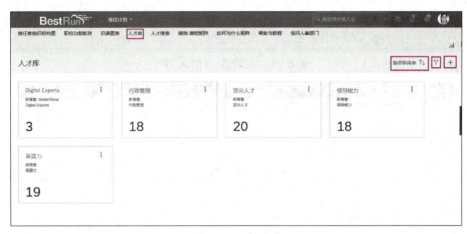

图 8-7 人才库

点击**人才库**页面右上角+,新增人才库,输入相关信息,建立新的人才库,点击**保存**,如图 8-8 所示。

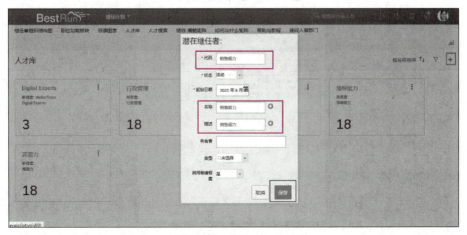

图 8-8 新增人才库

2. 提名

点击人才库目前人数,如图 8-9 所示。进入页面,如 8-10 所示。点击**添加人才库提名人员**图标,输入员工姓名,如图 8-11 所示。选中后,点击**下一步**。

图 8-9 人才库目前人数

图 8-10 添加提名人员

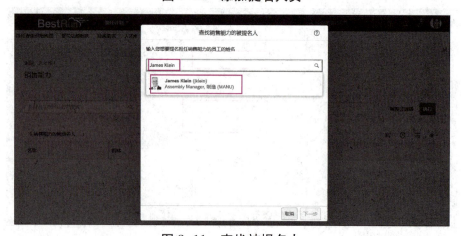

图 8-11 查找被提名人

点击**就绪程度**下拉选项卡▼,选择**现已就绪**,再点击**提交**,如图 8-12 所示。

图 8-12　选择就绪程度

3. 修改人才库信息

若需要修改人才库的名称等信息,可点击人才库右上角图标∶,点击**显示和编辑人才库**,若需删除该人才库,也可点击**删除人才库**,如图 8-13 所示。

图 8-13　修改人才库信息

点击需要修改的员工信息,出现以下卡片,可以看到该员工的邮箱、联系方式、所属部门、组织结构图等,如图 8-14 所示。

如点击**执行操作**,可对需要修改的员工执行相关操作,也可**转到**该人员的相关信息页面。

针对某一操作点击**编辑**,输入此项变更的时间,点击**确定**,如图 8-16 所示。更改信息,再点击**保存**,如图 8-17 所示。

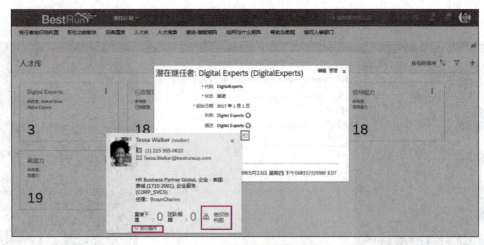

图 8-14　潜在继任者信息

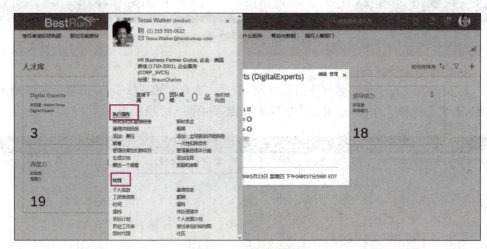

图 8-15　执行操作

图 8-16　信息变更生效日期

图 8-17　保存变更信息

点击**管理**,如图 8-18 所示。点击**执行操作**,可对此人才库进行**修正**与**永久删除项目**,如图 8-19 所示。

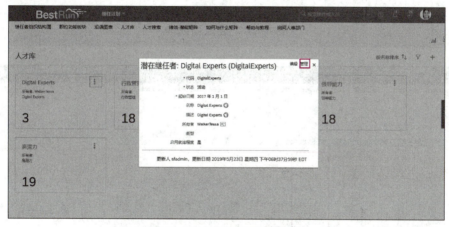

图 8-18　管理潜在继任者

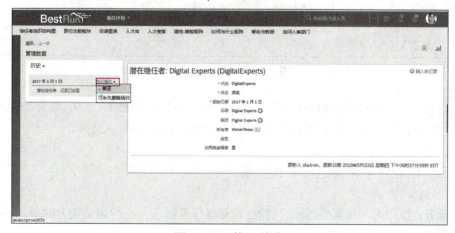

图 8-19　修正信息

人力资源管理数字化运营

点击**插入新纪录**,如图8-20所示。进入编辑页面,可对其进行所需操作,如图8-21所示。后续操作类似图8-17,更改所需信息,点击保存。

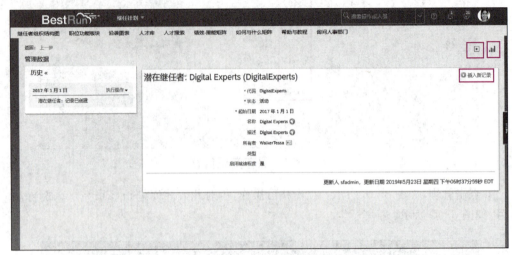

图8-20 插入新纪录

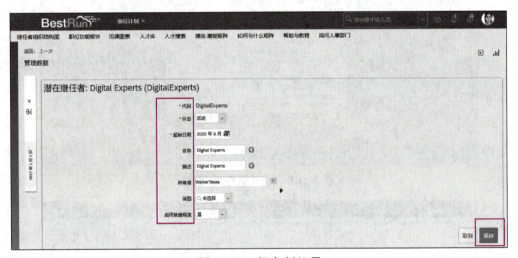

图8-21 保存新纪录

查看人员的绩效等方面的信息后,可查看本组织不同类别的人才库(管理人员人才库、后备人才库、技术专业库等),将继任者候选人添加进归属的人才库。

三、以硬性要求筛选提名继任者

任务:使用人才搜索中的相应功能,针对继任者候选人进行相关能力的对比,从而选取合适的继任者。

1. 使用人才搜索

在上方导航选项卡中点击**人才搜索**,点击**更多操作**,根据所需继任的岗位要求进行筛选,如离职风险高、离职影响大的岗位。也可增加其他信息,缩小搜索范围,如添加**高级信息**"潜在继任者需在行政管理岗位""就绪程度达到 1—2 年",如图 8-22 所示。

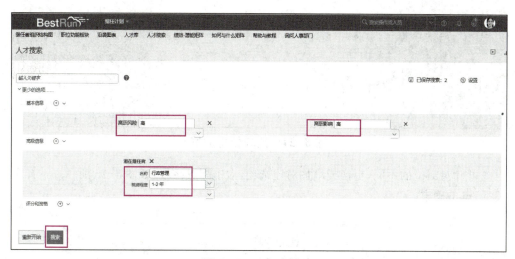

图 8-22　人才搜索

2. 提名

搜索后,出现的人员都是满足筛选条件的。若继任者候选人名额少于符合要求人员,可选择几名继任者针对一些具体的条件进行比较。如勾选两名人员,点击**比较**,如图 8-23 所示。对比图如 8-24 所示。

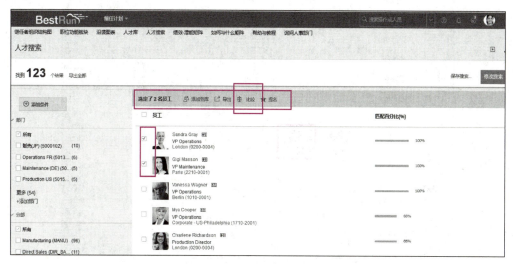

图 8-23　候选人比较

图 8-24　比较信息浏览

可针对岗位的不同,更换或增加对比选项,点击**配置字段**,如图 8-25 所示。选择字段后,点击**确定**。

图 8-25　选择比较字段

根据对比结果，选取较高的一名，点击**比较**右侧的**提名**，出现提名界面，在该界面点击**提名该人员的理由**右侧下拉按钮▼，选择合适的理由，再在就绪程度栏选择**现已就绪**，点击右下角**提名**，如图 8-26 所示。

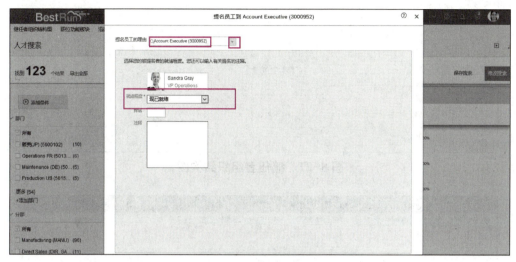

图 8-26　比较后提名

利用**人才搜索**功能可在本组织中搜索符合条件要求的人选。系统支持输入基本信息、背景信息、能力素质信息等作为搜索条件，并对继任者进行直接比较，包括教育背景、工作经验、能力素质等的对比。

▶▶ 四、以特定岗位提名继任者

任务：通过查看**继任者组织结构图**、**职能功能板块**，查看本组织各个关键职位的在任者或继任者，并通过**继任者组织结构图**查询所在组织及以下组织各个职位的继任者；查看本组织各个继任者的详细信息，如基本信息、绩效考核信息、绩效历史记录等；点击本组织员工头像直接链接员工简档查看继任者的员工基本信息、提名信息等。

1. 使用继任组织结构图提名

点击上方选项卡**继任者组织结构图**，如图 8-27 所示。若有其他需要，也可在上方菜单栏选项中选择所需的功能。

在**搜索依据**处点击**人员**，并输入要指定继任者的职位的在任者姓名，即可出现该人员的继任者结构图，如图 8-28 所示。点击**继任者头像**，出现继任者卡片，点击**添加继任者**，如图 8-29 所示。也可在操作完图 8-28 所示动作后，直接点击**在任者头像**，再点击**指定继承者**，也可出现图 8-29 所示页面。

将鼠标放至要添加的继任者头像处，点击**添加**，如图 8-30 所示。点击**现已就绪**，再点击右下角**保存**，如图 8-31 所示。

图 8-27　继任者组织结构图

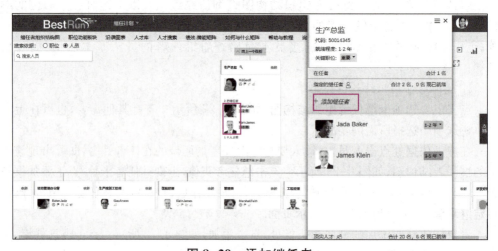

图 8-28　指定继任者

图 8-29　添加继任者

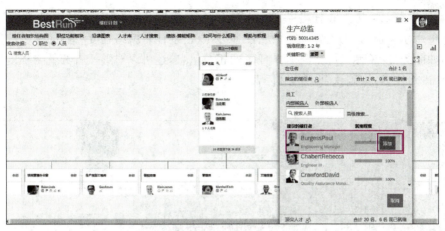

图 8-30　就绪选择

图 8-31　就绪保存

2．修改继任结构图信息

若需删除已加入的继承者，可点击就绪程度右边的▼，点击**移除继任者**，如图 8-32 所示。

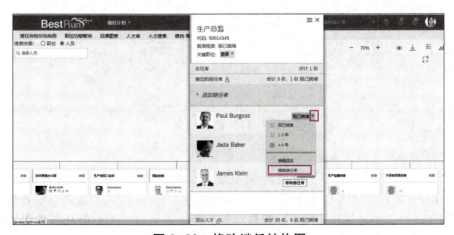

图 8-32　修改继任结构图

针对继任者，点击**继任者头像**，可查看继任者**提名**、**绩效**、**心理动机**等情况，如图 8-33 所示。也可对其做一些调整、注释等，点击继任者**就绪程度**右侧的▼，点击**编辑提名**，如图 8-34 所示。除了查看继任者的相关信息，还可以对继任者的就绪程度、绩效潜力等进行比较，以确认合适的继任者。

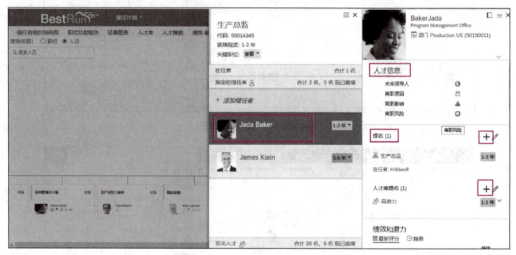

图 8-33　继任者信息编辑

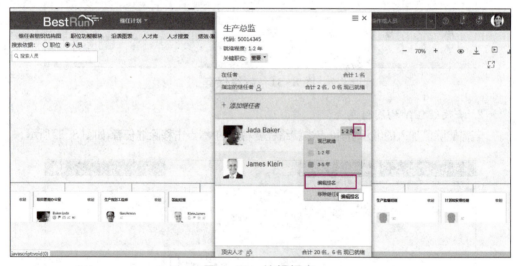

图 8-34　编辑提名

3. 使用职位功能板块提名

点击上方菜单栏，点击**职位功能板块**，如图 8-35 所示。**职位管理**旁边的 **304Positions** 指的是目前本公司共有 304 个职位。点击任一职位，出现类似**继任者组织结构图**所示的**添加继任者**选项卡。**职位功能板块**的提名操作类似**继任结构图**提名方法，具体操作请参照前文使用**继任组织结构图**提名的步骤。

第八章 继任管理

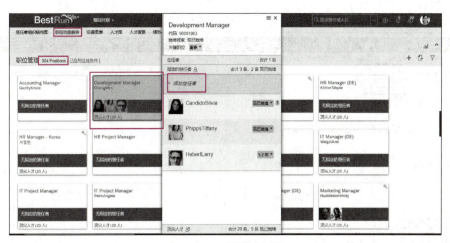

图 8-35 职位继任

继任者组织结构图与**职位功能板块**两者都是以特定岗位来提名继任者。不同的是，**继任者组织结构图**能够展现公司各个岗位之间的上下级关系，更加立体形象；而**职位功能板块**能够从整体方面来看公司的所有职位，公司可根据不同情况以及各自的需求来选择提名方式。

五、员工发展计划

任务：添加职业发展规划，设计未来希望建立的工作角色；添加职业路径，使员工横向、纵向多方面发展；参加、管理辅导计划，学习相关技能，提升员工个人能力，以便员工更好地自我发展与适应工作。

1. 添加职业发展规划

点击最上方**主页**菜单栏，选择**发展**，如图 8-36 所示。点击**职业发展计划**的下拉菜单，选择**职业发展计划**，如图 8-37 所示。

图 8-36 发展选项

195

图 8-37　职业发展计划

参照**简介**所示点击右上的**添加目标**，选择**创建一个新的发展目标**，如图 8-38 所示。在随后弹出的对话框中填写相关内容，如图 8-39 所示。

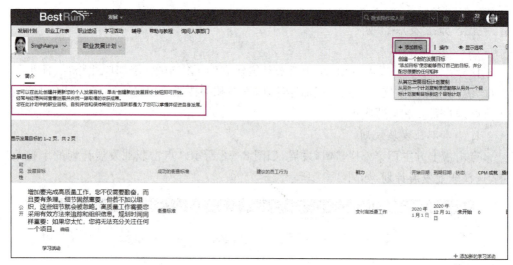

图 8-38　添加职业发展目标

其中各个选项的解释如下。

可见性中可以选择公开或不公开。如选择**公开**则其他人均可见；如选择**不公开**则只有员工、员工直属上级、人力资源业务合作伙伴（HRBP）可见。

能力要求可以选择全部能力，也可以选择单项能力。

上级均拥有对直接下属的发展目标的查看及编辑权。

如需添加**学习活动**帮助实现目标或提升能力，可点击**添加新的学习活动**，如图 8-40 所示。

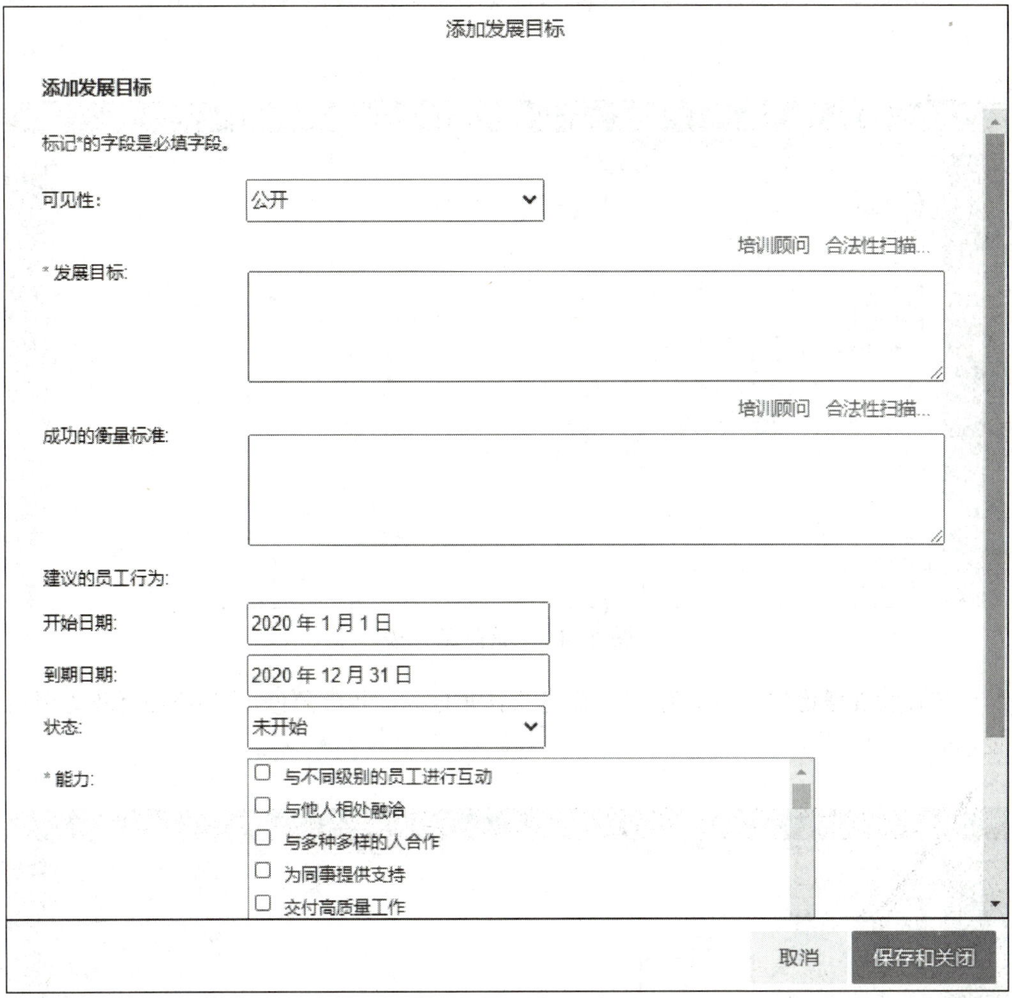

图 8-39　发展目标设置

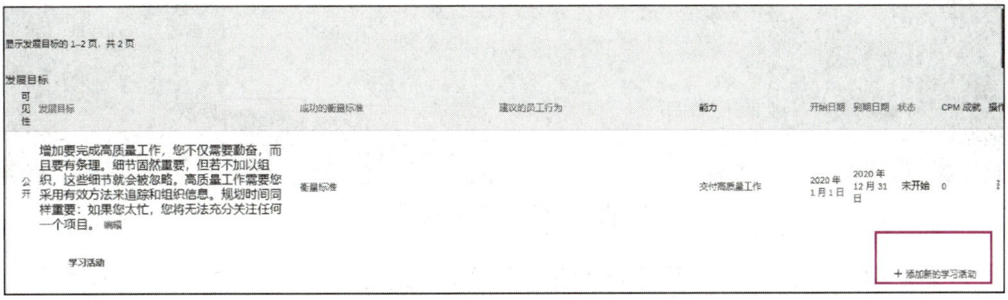

图 8-40　添加新的学习活动

2. 创建未来的工作角色

点击上方菜单栏中的**职业工作表**,再点击**我的工作角色**、**我的当前角色**,如图 8-41 所示。

图 8-41 职业工作表

选择**我在考虑的工作角色**,点击**浏览工作角色**添加相应角色,比如添加**行政管理**角色,如图 8-42 所示。

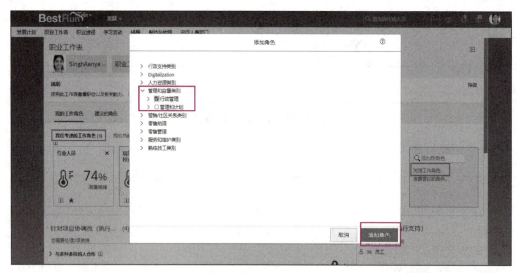

图 8-42 未来角色

在跳出的页面中点击**行政管理**查看该角色需要的能力项,点击 **0** 右侧的**+**,为每个能力添加发展目标。点击**评价您的就绪程度**发起**员工自我评估**,评估该角色所需的能力项,如图 8-43、图 8-44 所示。

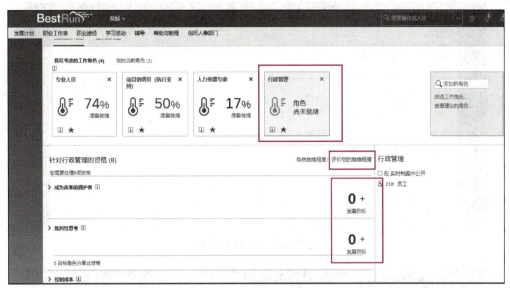

图 8-43　添加角色发展目标

图 8-44　角色就绪状态评估

在**建议的角色**页面点击每个角色右上角的+标识,将该角色添加到**未来的工作角色**中,如图 8-45 所示。

3. 添加职业途径

点击**职业途径**,点击**创建新的职业途径**,在跳出的**职业途径**页面中填入**外部代码**等信息,如图 8-46 所示。

点击**选择一个角色**,在跳出的页面中点击**行政管理**、**专业人员**等角色名称添加对应角色。如发现基本信息有误,可点击**编辑基本信息**返回**职业途径**信息修改,如图 8-47、图 8-48 所示。

图 8-45　建议的角色

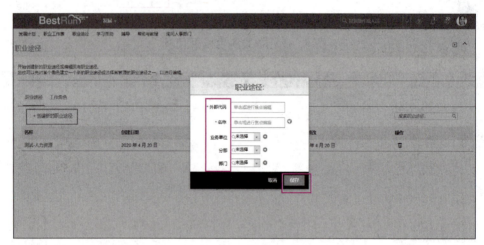

图 8-46　职业途径

图 8-47　选择角色

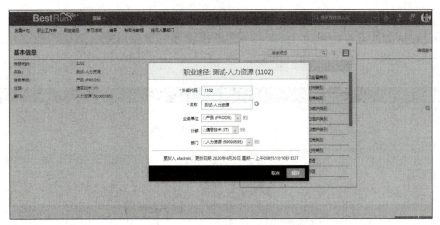

图 8-48 设置职业途径

点击**行政管理**右侧的 ⌄，在菜单中选择**添加一个起始角色**、**添加一个目标角色**、**添加一个同级人员角色**或**删除角色**后，点击**保存**按钮，如图 8-49、图 8-50 所示。

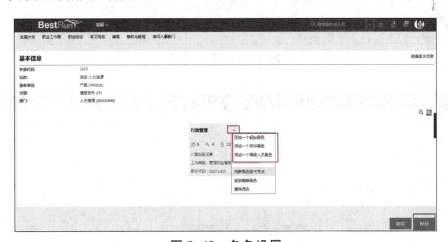

图 8-49 角色设置

图 8-50 角色信息

点击**职业路径**下的**工作角色**，在弹出的页面中点击**角色**（如**行政管理**）查看**职业路径**相关信息，如图 8-51 所示。点击右下角的**编辑职业途径**可重新编辑职业途径信息，如图 8-52 所示。

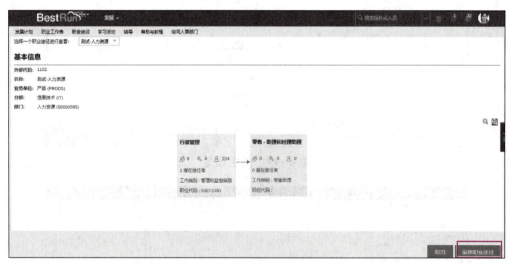

图 8-51　工作角色

图 8-52　编辑职业途径

在弹出页面中点击 ˅ 修改相关信息后，点击**保存**按钮保存该信息，如图 8-53 所示。

4. 参加辅导计划

点击**辅导**，如管理员创建了管理型的辅导计划，则可在我的辅导计划中以导师或学员身份参加或查看相应的辅导计划，如图 8-54 所示。

点击**作为导师注册**或**作为学员查看**，点击**编辑**添加或修改相应信息，也可点击**活动计划**旁的＋添加新的活动计划，如图 8-55 所示。

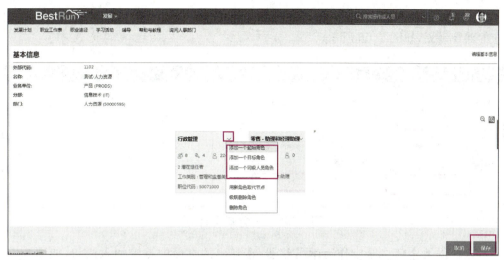

图 8-53　保存职业途径

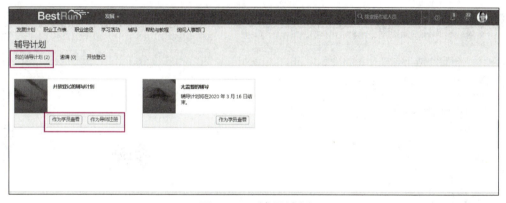

图 8-54　辅导计划

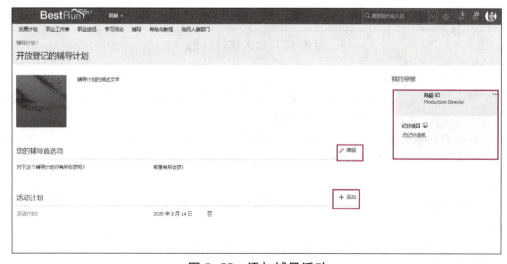

图 8-55　添加辅导活动

如管理员创建了开放型的辅导计划,则可在开放登记中以导师或学员身份注册相应的辅导计划,如图 8-56 所示。

图 8-56 查看辅导计划

点击**作为导师注册**或**作为学员注册**,在弹出的页面中点击**加入**按钮,如图 8-57 所示。

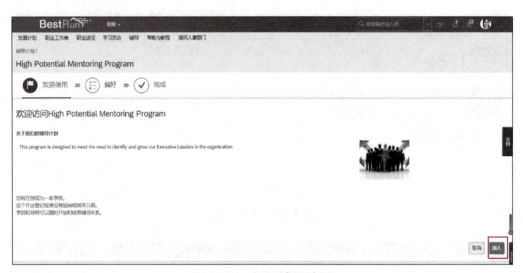

图 8-57 加入辅导计划

5. 管理辅导计划

登录系统,点击**主页**,在下拉菜单中选择**管理员中心**,如图 8-58 所示。在页面中点击**发展**,在弹出的对话框中选择**管理辅导计划**,如图 8-59 所示。

在**辅导计划**页面点击右侧的**创建新的辅导计划**,如图 8-60 所示。

在跳出的页面中选择**有监督/无监督/开放登记**以**创建新的辅导计划**,如图 8-61 所示。

选择**有监督**后,在跳出的页面中添加**辅导计划名称**、**描述**、**上传图像**、**所有者**等信息,如图 8-62 所示。

描述可以为辅导计划的介绍,也可以为计划中重点课程的介绍等。

所有者为 HRBP 本人,通过输入姓名指定。

第八章 继任管理

图 8-58 进入管理员中心

图 8-59 管理辅导计划

图 8-60 创建新的辅导计划

205

图 8-61　选择辅导计划类型

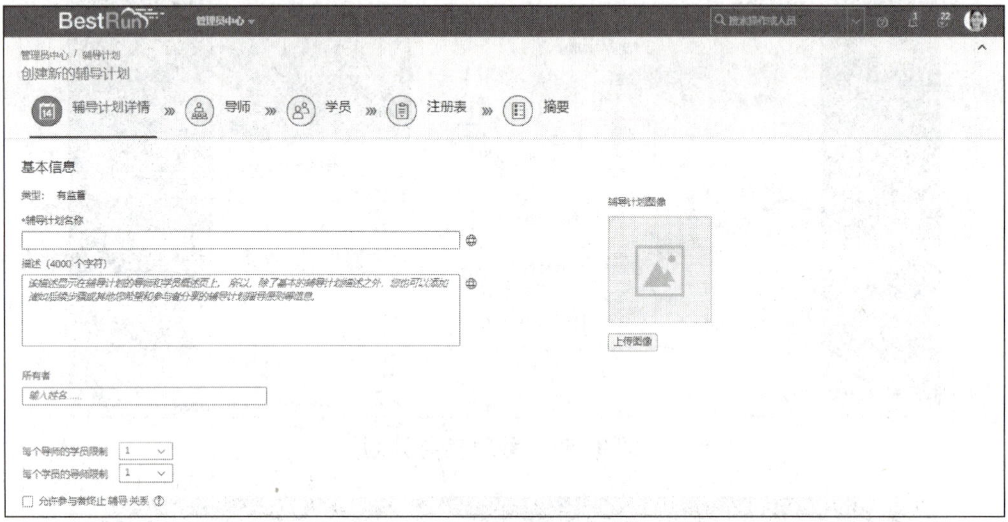

图 8-62　辅导计划详情

　　输入**每个导师的学员限制**、**每个学员的导师限制**以限定导师/学员的数量。指定**导师注册开始日期**、**学院注册开始日期**、**匹配开始日期**、**辅导计划开始日期**和**辅导计划结束日期**后点击下一步/保存按钮,如图 8-63 所示。

　　允许参与者终止辅导关系给予了导师/学员自由终止辅导计划的权利,要慎重勾选。

　　继续填入未完成信息后点击**下一步**,点击**+**,在添加一名导师下方的对话框中输入导师姓名,搜索到目标后点击**下一步**,如图 8-64 所示。

　　重复上面的操作选择目标学员后点击**下一步**,在弹出的页面中选择**选项列表**/**自由文本**。如选择选项列表,在**选项值**中选定目标项,之后在**针对导师的问题**和**针对学员的问题**中输入目标值并点击**下一步**,如图 8-65 所示。

图 8-63 辅导计划设置

图 8-64 设置导师

图 8-65 问题设置

之后在弹出的页面中检查相关信息。如发现有误可点击**上一步**返回修改；如取消此辅导计划可点击**删除草稿**；如确认无误点击**启用**发起辅导关系，如图 8-66、图 8-67 所示。

图 8-66　摘要

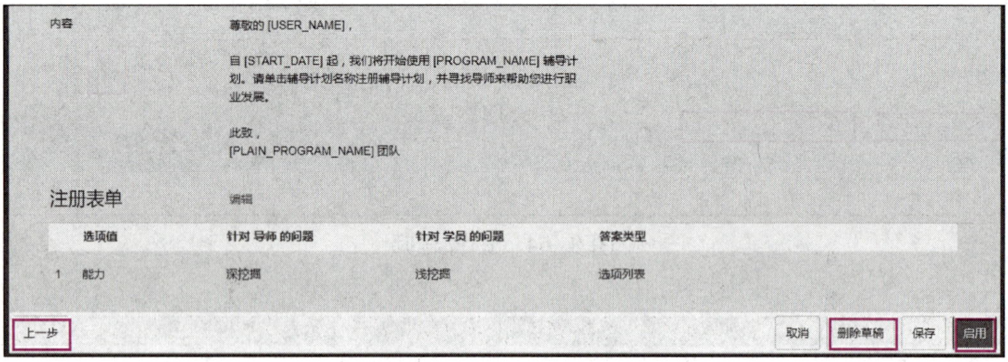

图 8-67　启用辅导计划

启用后导师、学员均会收到提醒邮件决定参加或拒绝。管理员可以重新编辑发送给导师、学员的邮件内容。

发起辅导计划后，管理员需返回**主页**，依次进入**管理员中心**→**发展**→**管理辅导计划**，点击**现将电子邮件发送至学员**，如图 8-68 所示。

学员收到邮件后，按提示操作进入系统，点击**加入**以加入辅导计划，如图 8-69 所示。

将电子邮件发送至导师的操作与发送至学员类似，管理员在**辅导计划**页面中点击**现将电子邮件发送至导师**即可。

导师收到邮件后，按提示操作进入系统，点击**加入**加入辅导计划，如图 8-70 所示。

如管理员推荐了多位导师，学员可通过**搜索导师**选定某位导师。点击**完成注册**后如需修改首选项可点击**编辑**。

第八章 继任管理

图 8-68　发送辅导计划

图 8-69　学员加入辅导计划

图 8-70　导师加入辅导计划

图 8-71 多导师管理

管理员在导师和学员收到邀请并完成注册后,点击**现在匹配**发起辅导计划,如图 8-72 所示。

图 8-72 发起辅导计划

所有导师/学员完成注册后,管理员即可点击**现在匹配**发起**辅导计划**。管理员可通过**学员**卡片右上角的:图标移除匹配或分配新的导师,如确认无误,点击**确认所有匹配**并点击**开始**发起辅导计划,待辅导计划完成后,管理员点击**完成**按钮以结束辅导计划,如图 8-73 所示。

辅导计划的状态可通过辅导计划左上角的**状态**栏查看。管理员应当关注对应的**注册时间**。

图 8-73 辅导计划完成

第九章 企业内部社交

> **学习目标**
> 1. 了解各类社交网络的类型与特点。
> 2. 熟悉企业社交网络 SAP Jam 各模块的操作流程。

第一节 企业社交网络概述

一、社交网络的分类

社交网络大致可分为两大类：基于信息传播的传播社交网络或基于人际关系的关系社交网络。传播社交网络如论坛、微博等，本质是信息传播，平台用户关系基于信息。关系社交网络诸如 Facebook、微信朋友圈等平台，本质是人际关系，平台用户信息基于关系。

表 9-1 展示了两类社交网络的区别。

表 9-1 社交网络比较

	传播社交网络	人际社交网络
用户群体	大众群体	社交群体
用户关系	单向，无特定关系	双向，基于关系
信息透明度	高，信息公众化	低，信息私人化
实现功能	制作与传播内容，公开表达与交流	连接人际关系
范 例	Twitter、新浪微博	Facebook、微信朋友圈

企业内部社交网络与人际社交网络类似。

二、社交网络的特点

调查数据显示，全世界的互联网用户平均拥有五个社交网络服务（SNS）账户。为什么一位互联网用户会需要若干个社交网络账户？本节对 SNS 的特点及其功能相似性和差异进行了比较,探究用户使用某一社交网络服务的动机。

1. 网络论坛(BBS,bulletin board system)

网络论坛一般就是 BBS,中文翻译为"电子公告板",最早用来公布股市价格等信息。个人计算机普及后,BBS 开始渐渐流行起来。论坛对不同领域进行划分,设置各种类型的专题版块,并以"发帖"这一方式吸引志同道合的人一起"回帖"交流探讨,对信息的搜集、分类和整合起到了很大帮助作用。

2. 即时通信(IM,instant message)

即时通信指能够即时发送和接收互联网消息等的业务。自 1998 年面世以来,即时通信的功能日益丰富,从最早作为单纯的聊天工具,发展成集交流、资讯、娱乐、搜索、电子商务、办公协作和企业客户服务等为一体的综合化信息平台。最早的 ICQ、MSN 和我们熟知的腾讯 QQ 均属于即时通信软件。

3. 博客(Blog)

博客可以理解为一个由用户个人管理、不定期发布内容的网站。用户可以以网站为载体简单而便捷地发布、出版个人文章,并轻松地与他人进行交流,是一个集丰富多彩的个性化展示于一体的综合性平台。大部分的博客内容以文字为主,但同时也可以结合图像、链接及其他与主题相关的媒体。比较著名的有新浪博客、网易博客等。

4. 社交网络服务网站(以 Facebook 为例)

社交网络服务网站构建了以用户为中心的熟人社交网络。用户可以对熟人动态进行评论,而该用户又构成了其他用户交际圈的一员。这种模式使每位用户都能在自己的社交圈获得满足感。

Facebook 是一个联系熟人的社交网站。用户可以通过它和朋友、同事等周围的人保持互动,如分享图片,发布链接和视频,增进彼此间的了解。Facebook 还为用户提供了时间轴、礼物、网络虚拟活动的互动功能以及创建群组、上传文件的协作功能。用户实名创建账户后即可编辑个人主页内容与添加好友,并开始使用各种社交服务功能。

5. 微博客社交网络(以新浪微博为例)

微博客社交网络是博客网站的合理发展,在博客的基础上实现了更多社交功能,如用户可关注公众媒体与明星,还能在评论的基础上对发布的推文进行点赞和转发,一定程度上实现了公众对话。

实名认证的公众人物和公众媒体是新浪微博的核心竞争力。与 Facebook 相比,微博弱化了熟人之间的联系,强化了个人与公众人物之间的联系。即社交点是自上而下的,公众人物的话语权被放大,普通用户的参与感不是很强。

此外,基于公众媒体与庞大的用户量,新浪微博在时事热点汇总、舆论导向上起到重要作用。新浪微博每天都会根据用户转发评论数的高低排次选出当日、当周的热门话题,实时更新微博热搜榜,引导用户参与到话题的讨论之中。

通过对上述 SNS 特点及功能的描述,不难发现大部分社交网络平台都是在功能交叉的基础上凭借某一突出特点而别具一格。微博客社交网络集网络论坛、即时通信、博

表 9-2 社交网络与企业社交网络比较

	社 交 网 络	企业社交网络
用户群体	创建账户、同意服务条款的个人	某一组织结构（企业、部门、项目团队等）的成员
用户行为	受社交网络规范的影响，用户之间的理解可能有所不同	受企业、部门或项目团队规范的影响
受　众	基于传播社交网络的大众群体或基于人际社交网络的社交群体	某一组织结构（企业、部门、项目团队等）的其他成员
设　计	支持用户生产内容，鼓励用户参与互动	基于企业自身工作场景
实现功能	实现信息传播与人际关系连接	完成与工作相关的目标，如信息共享、建立与保持人际关系

客的主要功能为一体，并在此基础上实现了公众媒体与普通用户的社会交际功能，这是许多社交网络平台没有做到的。也正因为有这些各具特色的社交网络平台来满足用户多层面的需求，一位互联网用户才愿意或需要注册多个社交平台的账号。

三、企业社交网络

随着互联网技术与应用的快速发展，尤其是移动互联网、社交网络服务、云计算的发展与应用，以及由 Twitter、Facebook、微博等引发的社交热，开始在企业信息化中得到应用。"企业社交网络""企业社交""社交化企业"的概念也应运而生。

企业社交网络（Enterprise Social Network，ESN）是企业信息化改革的一部分。它的概念从狭义的企业内部社交网络向两个方面进行广义的范畴延伸，成为连接企业和商业合作伙伴的协同沟通平台，以及连接企业和消费者的公关媒体平台。

允许用户创建及修改内容的、各种各样的沟通形式，都可以是 ESN 的一种。它如同光谱，一端是简单的内部沟通的信息工具，另一端可能是一些尖端的微型博客或 Twitter 等。

第二节　企业内部社交模块应用（SAP Jam）

如今社交网络已成为帮助用户建立联系和互动的热门方式，是用户间共享信息与观点等不同类型内容的强大方法。基于此，SuccessFactors 和 SAP 创建了一个基于云的企业内部社交平台 SAP Jam，旨在通过组织对话使人们能够做出明智的决策并解决关键业务问题，帮助员工或客户在专业协作环境中利用社交网络进行内容创建和信息共享。

借助 SAP Jam,企业可以使用社交网络允许其员工和合作伙伴在项目上进行协作（如交流想法与共享文档），而不必通过电子邮件和其他难以管理与跟踪的途径来实现,减少了与交流和差旅相关的成本,具有成本效益。

下面介绍 SAP Jam 各模块的应用及相应操作。

一、登录 Jam

任务：以人事专员的身份登录 SAM Jam,了解主界面各模块包含的内容。

登录界面如图 9-1 所示。

图 9-1　JAM 主界面

企业文化：系统管理员对账号人员宣传的企业文化内容,如文章、视频等。

星标：企业其他人员推荐给账号人员的内容。

最受欢迎的标签：本系统内被人员标签最多的文章,由系统自动生成并推荐给账号人员。

发布动态：供账号人员发布实时动态,支持文字、链接、图片、视频等内容,类似于社交网络的微博、朋友圈。

最新动态：系统自动生成,与账号人员相关的群组信息更新动态,包括文章发布、群组组建等。

快速链接：账号人员常用模块的快速链接地址。

通知摘要：显示与账号人员相关的各种群组变动通知。

推荐内容：为本系统内被人员查阅最多的内容,由系统自动生成并推荐给账号人员。

其他：下拉页面,在页面右下方会有图标快速链接,方便账号人员进行各种账号设置,如图 9-2 所示。

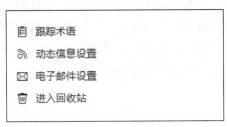

图 9-2　快速链接

二、创建群组

任务：以人事专员的身份登录 SAP Jam 创建不公开的群组，并邀请相关人员加入群组。

图 9-3　创建群组

SAP Jam 通过使业务流程具有社交性来简化业务流程。它提供了许多用户熟悉的社交网络功能，如创建群组。

点击主页面左上方的**群组**展开下拉列表，点击**创建群组**，如图 9-3 所示。

1. 群组名称、描述与权限

输入**群组名称**和**群组描述**，设置群组权限为**公开**或**不公开**，点击**创建**，如图 9-4 所示。

图 9-4　群组设置

公开:群组创建完成后所有人可见,可以自由加入,但群组信息不可被自由编辑,编辑权限只对群创建者开放。

不公开:群组创建完成后所有人不可见,不能搜索与加入,需要创建者后期主动推荐给员工。

2. 邀请成员

(1) 逐个邀请

进入群组,点击群组页面左方的**邀请**,如图 9-5 所示。

图 9-5 邀请成员

输入需邀请的人员姓名或邮箱信息后点击**发送**,如图 9-6 所示。

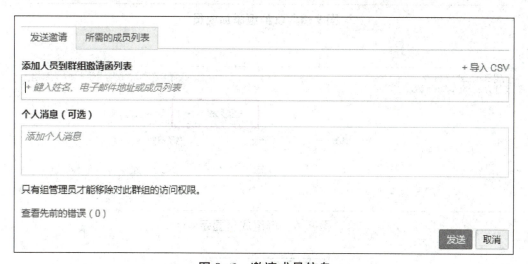

图 9-6 邀请成员信息

(2) 批量邀请

批量加入成员无须经过列表成员同意,但无法对已有的组内人员进行选择性添加,只能全员添加。

进入群组人员邀请页面,点击**所需的人员列表**,如图 9-7 所示。

输入已有的群组名字,点击**保存**,如图 9-8 所示。

点击**成员列表**即可得到组员人数情况,如图 9-9、图 9-10 所示。

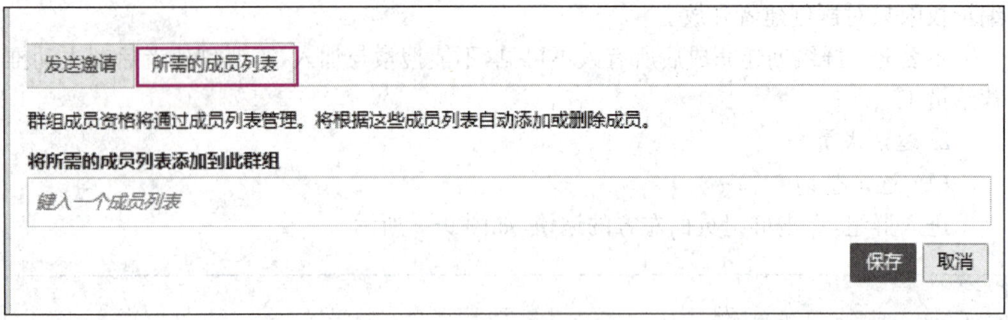

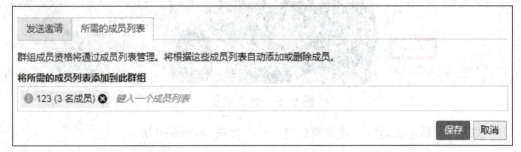

图 9-7　批量邀请成员

图 9-8　以群组添加成员

图 9-9　群组成员显示

图 9-10　成员列表

三、编辑群组

任务:以人事专员的身份登录 SAP Jam,了解如何编辑群组"dd"的信息,如编辑群组图片、新增与布局页面、设置群组邮件等。

在主界面左上方的**群组**下拉列表内选择需要编辑的群组,点击进入,如图 9-11 所示。

1. 群组图片编辑

点击页面左上方的,编辑群组图片。

2. 新增群组页面

点击**群组名:概览**右侧的 + 可新增群组页面、新增页面布局等。

图 9-11 进入群组

3. 布局群组页面

点击**编辑**,可更改现有群组页面的布局和图片。如图 9-12 所示。

图 9-12 群组编辑

4. 设置群组访问

点击页面左下方**我的群组设置**,可进行群访问设置。

5. 设置群组邮件

点击页面左下方的**电子邮件通知**,可进行群组的邮件通知设置,可针对设置不通知、即时通知、每天、每周。系统默认设置群组内他人关于账号员工的文章或信息进行评论、点赞等操作,均会以邮件通知账号员工。

6. 管理与操作群组

点击页面左下方的**群组管理员**，可对群组进行编辑、删除、复制、移动、提取文件等操作，如图 9-13 所示。

图 9-13　群组设置

四、内容创建与共享

任务：以人事专员的身份在群组内上传文件、发布博客贴、创建链接、添加任务、分享多媒体、发布维基页。

1. 上传文件

（1）上传单个文件

进入群组，在群组页面中间的**文件夹**模块中点击**创建或上传文档**。点击**创建**得到下拉菜单，选择需要创建的文件夹类型，如图 9-14 所示。

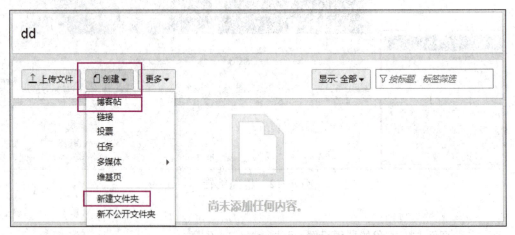

图 9-14　群组新建文件夹

新建文件夹对群组内全员可见，**新不公开文件夹**仅本人可见。

（2）创建文件夹并上传文件

点击群组页面左方的**内容**进入文件夹创建页面，如图 9-15、图 9-16 所示。

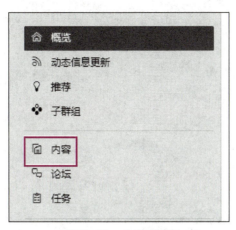

图 9-15　上传资料

图 9-16　创建目录

根据需要进行创建即可。

2. 发布博客帖

在群组的内容页面选择子文件所属的文件夹，点击**创建**，选择**博客帖**进入编辑页面，如图 9-14 所示。

编辑完成后点击**发布**，**博客帖**就会发布在群组，如图 9-17 所示。

3. 创建链接

在群组的**内容**页面点击**创建**，选择**链接**进入添加链接页面。编辑完成后点击**分享**，该链接即可显示在群组对应文件夹内，如图 9-18 所示。

4. 添加任务

在群组的内容页面点击**创建**，选择**任务**进入**添加任务**页面。编辑完成后点击**确定**，该任务就会显示在群组对应文件夹内，同时通知任务对象，如图 9-19 所示。

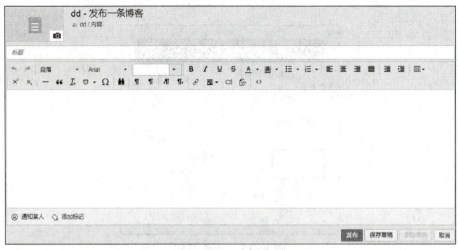

图 9-17　编写博客

图 9-18　添加链接

图 9-19　添加任务

5. 分享多媒体

在群组的内容页面点击**创建**,选择**多媒体**进入**创建视频/音频**页面,如图 9-20 所示。

图 9-20　分享多媒体

可选择添加视频、音频或播放列表。填写完相关信息后点击**分享**,该音视频、播放列表就会显示在群组对应文件夹内,如图 9-21 所示。

图 9-21　创建多媒体播放列表

6. 发布维基页

在群组的内容页面点击**创建**,选择**维基页**进入**添加维基**页面。

填写完相关信息后点击**发布**,该维基页即可显示在群组对应文件夹内,如图 9-22 所示。群组成员可共同编辑与完善维基页的内容。

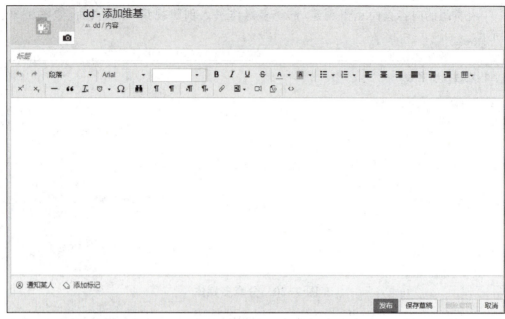

图 9-22　发布维基页

五、Jam 移动端

任务：在 Jam 网页端通过扫描二维码的方式激活 Jam 移动端。

SAP Jam 设有移动端，方便员工在移动设备即时查阅和回复消息。

1. 苹果移动端

手机下载 JAM 移动 App——SAP Jam，如图 9-23 所示。

回到网页端，在 Jam 主页右上方点击 ，选择其中的账户设置，如图 9-24 所示。

图 9-23　Jam 移动端

图 9-24　账户设置

进入账户设置页面，点击移动设备设置，如图 9-25 所示。

进入移动设备设置页面，如图 9-26 所示。点击通过摄像头激活，出现如图 9-27 所示的页面。

用移动端 App 扫描二维码即可登录对应账号。

图 9-25　移动设备设置

图 9-26　激活

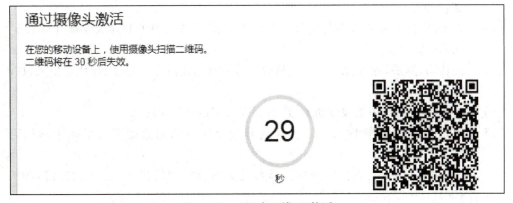

图 9-27　通过二维码激活

参考文献

[1] 才智.培训效果评估体系建设的实践探索[J].冶金管理,2020(10):54-57.
[2] 高日光,郭英,陈小锋.招聘理论与实务[M].上海:复旦大学出版社,2015.
[3] 高舒,刘萍.Web2.0时代博客、轻博与微博的比较研究[J].图书馆学研究,2012(03):42-44.
[4] 何立,凌文铨.企业管理人员接班人计划的管理体系建设[J].科技管理研究,2008,28(11):178-179+186.
[5] 李翔昊.SNS浪潮:拥抱社会化网络的新变革[M].北京:人民邮电出版社,2010.
[6] 李峙含.企业人力资源管理信息化系统设计分析[J].中国管理信息化,2019,22(04):63-64.
[7] 刘爱军.薪酬管理:理论与实务(第2版)[M].北京:机械工业出版社,2013.
[8] 刘秉泉.职位体系与企业薪酬管理——企业薪酬制度改革热点问题系列谈[J].中国劳动,2011(03):42-43.
[9] 刘畅.对社交网络的初步分析与探讨[J].黑龙江教育学院学报,2012,31(08):199-200.
[10] 卢福财.人力资源管理(第2版)[M].北京:高等教育出版社,2012.
[11] 孟化.企业岗位体系设计分析[J].现代营销(学苑版),2011(12):96-97.
[12] 彭文帅.企业继任计划和继任要素对继任效能的影响[D].浙江大学硕士学位论文,2005.
[13] 万弘.Y公司人才管理与继任者计划案例研究[D].中国海洋大学硕士学位论文,2012.
[14] 汪传雷,陈娇,叶凤云.国外社交媒体及其信息沟通模式研究[J].现代情报,2016,36(05):3-8.
[15] 王俊.员工培训方案设计研究[J].经济师,2012(05):219-221.
[16] 王玫玫.L公司管理人员继任计划升级设计[D].南京师范大学硕士学位论文,2017.
[17] 王永波.基于人力资源管理的岗位胜任力素质模型的建立[J].当代经济,2016(35):74-75.
[18] 魏炜,李震,廖建桥.企业如何制定有效的员工发展规划[J].商业研究,2001(11):122-125.
[19] 武琼,牛禹.企业人才盘点实施要点及应用[J].办公室业务,2019(10):168.
[20] 徐升华,沈波,舒蔚.财经管理信息系统[M].北京:高等教育出版社,2011.

[21] 杨济成.企业人才盘点及其实施要点[J].企业改革与管理,2015(19):62-63.

[22] 杨涛.企业社交网络的理论及实践研究[J].中国高新技术企业,2015(25):162-163.

[23] 岳全喜.基于岗位说明书的员工绩效考核管理[J].中国培训,2004(03):43.

[24] 张现梅,俞国方.企业招聘面试中的策略分析和误区规避[J].现代商业,2018(09):48-49.

[25] 张则瑜.员工职业发展通道设计的实践与思考[J].中国人力资源开发,2006(02):35-39.

[26] 赵永乐,王慧.基于人力资源管理的岗位胜任力素质模型的建立[J].东南大学学报(哲学社会科学版),2007(01):52-55+124.

[27] 钟尉.员工培训[M].北京:北京大学出版社,2016.

[28] 阿吉斯.绩效管理(第3版)[M].刘昕,柴茂昌,孙瑶,译.北京:中国人民大学出版社,2013.

[29] Kim, Cha. A comparison of Facebook, Twitter, and LinkedIn: examining motivations and network externalities for the use of social networking sites. First Monday, 2017, 22(11). https://doi.org/10.5210/fm.v22i11.8066.

[30] Ellison, Gibbs, Weber. The use of enterprise social network sites for knowledge sharing in distributed organizations: the role of organizational affordances. American behavioral scientist, 2015, 59(1), 103-123. https://doi.org/10.1177/0002764214540510.

图书在版编目(CIP)数据

人力资源管理数字化运营:基于 SAP SuccessFactors/朱建斌,蔡文著编著.—上海:复旦大学出版社,2022.2
(信毅教材大系.管理学系列)
ISBN 978-7-309-16116-8

Ⅰ.①人… Ⅱ.①朱…②蔡… Ⅲ.①人力资源管理-应用软件-高等学校-教材 Ⅳ.①F243-39

中国版本图书馆 CIP 数据核字(2022)第 013522 号

人力资源管理数字化运营:基于 SAP SuccessFactors
RENLI ZIYUAN GUANLI SHUZIHUA YUNYING:JIYU SAP SuccessFactors
朱建斌　蔡文著　编著
责任编辑/方毅超

复旦大学出版社有限公司出版发行
上海市国权路 579 号　邮编:200433
网址:fupnet@fudanpress.com　http://www.fudanpress.com
门市零售:86-21-65102580　团体订购:86-21-65104505
出版部电话:86-21-65642845
上海四维数字图文有限公司

开本 787×1092　1/16　印张 14.75　字数 332 千
2022 年 2 月第 1 版第 1 次印刷

ISBN 978-7-309-16116-8/F·2873
定价:38.00 元

如有印装质量问题,请向复旦大学出版社有限公司出版部调换。
版权所有　侵权必究